序

文如其人　愛心滿溢

陳玉琳

　　認識曉丹的時間雖不長，但我卻非常喜歡她的文章與為人．

　　曉丹是經由會員譚冠濠介紹而加入本社的,那時我初接任北德州文友社社長一職，正為每週出刊的專欄需要大量文章而發愁，曉丹勤於創作，經常傳送她的滿意傑作給我，送稿件給我時；她總是很謙虛地說：　請我隨意修改，其實曉丹的文筆成熟穩健，每次拜讀她的大作我總有如沐春風之感，沉沁在她流暢的文思，洗鍊又精湛的文筆中，真是極端享受的一件雅事．

　　經由 email 傳送文章，及經常的電話聯絡，曉丹與我很快成為交淺而言深的好友，我發覺她是位充滿愛心的快樂創作者，在家相夫教子照顧公婆，在社團中熱心服務，隨和謙虛，其實這些美德早已洋溢於她的作品中．

　　中文系本科出身的曉丹，除學養豐富外；遣詞造句的造詣更極為深厚，又因曾擔任詩社理事及雜誌社編輯而累積豐富的寫作經驗，她的作品自然是文采豐厚，感人至深．此次再度出版新書----《帶一顆心去》(散文集)，主要集結她最近兩年的旅遊心得與家居散記，內容更是包羅萬象豐富異常，既有世界各地著名景點的風情故事，又有她個人的心情點滴，在展讀她精采篇章時，我常隨著她雋永文筆娓娓傾訴的見聞與感受而悠遊沉醉．

在她的"康橋遺夢"一文中，我彷彿見到徐志摩的揮別康橋時的身影，在"愛語呢喃的宮殿"這篇章，我感動於真愛的可貴，幾乎是噙著淚水讀完全文，掩卷沉思時；不免由心底發出輕聲讚嘆，既讚佩真愛之感人至深，也格外激賞曉丹描繪真情摯愛的高明手法．其後發現曉丹的這項特長，正是她文章最大的特色，因而覺得她是位懂得真愛又善於表達真愛的性情中人．

日前曉丹與我聯絡，邀請我為她的新書寫序，我雖不才，但對這位勤於創作的傑出作者，我有太多的感動，謹此寫出我對曉丹其人與其文的欣賞，既恭賀她再度出書之喜，也記述我與這位文如其人珍惜人間真情摯愛文友間這段難得的情誼．

2013 年 12 月 17 日 於達拉斯

第一部分

用心去看

第二部分
用心去喜歡

用心去看

❦ 溫莎堡的黃玫瑰

溫莎古堡的最高點——圓塔

　　最早知道"溫莎（Windsor）"這個地名，是因為莎士比亞的戲劇《溫莎的風流娘兒們》。那時候知道，溫莎是英國一個歷史悠久的小鎮，小鎮上有一座古堡，距今已有一千年的歷史。

　　當年，征服者威廉第一次建造這座城堡的時候是1070年，那時，他不過是選擇了一個地勢較高之處，用土壘為主要材料，建造了一個防禦外敵入侵的建築物。隨著歷史的演變，經過幾個朝代君王的不斷改造，城堡變得越來越堅固，土壘已變成堅固的石牆，規模也不可同日而語。今天，這座中世紀的古老建築，不僅是世界上最大、最古老仍有人居住的城堡，而且早已成爲象徵英國皇家權威的王室城堡。現今的英國女王伊莉莎白二世還經常來這裏度過週末和假期。這座濃縮了近千年英國歷史的古城堡，若不是親眼看見，你無法想像它的宏偉壯觀！

在這裏，我不僅對千年古建築的恢弘氣勢感到震撼，更被這些古老建築物所蘊涵的生動的人文氣息深深打動。不論是在富麗堂皇的宮殿，還是在宏偉典雅的聖喬治大教堂，亦或是圓塔腳下的皇家花園，流連在城堡的每一個角落，你都能看到歷史的演變，看到文化的傳承，看到精美的藝術閃耀著上帝之愛的光芒，看到人性中的溫情彌漫在無所不在的空氣當中⋯

又想起莎士比亞著名的喜劇《溫莎的風流娘兒們》，當年就是在溫莎古堡的宴會廳裏舉行首演，獲得極大成功。這出戲寫的是沒落貴和平民的故事，體現的是莎士比亞一貫的追求美好愛情的思想。或許正是受這種精神的影響，多年後，溫莎堡出了一個愛德華八世，這位高貴的王儲青年在一次城堡舉行的盛宴上，遇見了一位女子，她的美麗、風深深打動了王儲的心，他決定娶她爲妻，卻遭到皇室集體反對，因爲這個女子是美國人，在王室眼裏，她只是個平民，且離過兩次婚。對於傳統觀念根深蒂固的英國皇家，王位繼承人要娶這樣的女子爲妻是絕對不能接受的。愛德華八世在兩難中終於決定放棄王位，娶了這位來自美國的平民女子辛普森夫人爲妻。從此他的頭銜不再是"愛德華八世",而成了"溫莎公爵"。

溫莎古堡的最高點是一個巨型圓塔,圍繞在圓塔腳下的是一座美麗的花園。八月的倫敦正是各種鮮花綻放的季節,花園裏繁花正茂,綠樹成蔭,是個別樣的夢幻世界,令人驚訝的是,這個園子裏開得最多的竟是黃玫瑰!據說,黃玫瑰中間的這條青石小路,曾經是溫莎公爵和夫人流連忘返的地方。

徜徉在這鮮花小徑,觀賞周圍紛繁美景,我在想,當年這位愛德華八世兩度向辛普森夫人求婚的時候,他是怎樣的心情?當他的愛情遭到王室集體反對的時候,他又是落入何等樣的心境?是充滿愛戀的激情燃燒?是心願無法實現的惆悵煩惱?是要王位還是要美人的焦慮掙扎?

從起初的愛戀,到終於能夠相守,這期間有多少令人心碎的等待?哦,等待!據說黃玫瑰的花語是:等待! 世界上的很多事情都會因為身份的不同,而產生不同的結果,惟有人類的情感,不會因為地位的高下而喪失其共通之處,無論是昔日王位的繼承人,還是今日默默無聞的芸芸眾生,很多時候,等待都是人們共同的命運!

溫莎堡的黃玫瑰年年盛開,有人在遙遠的天邊依然等待。 在這份千古不變的愛的等待中,歷史穿越了千年…

✿ 愛語呢喃的宮殿

1846 年王室一家

　　談到英國作爲國際性標誌的建築物，人們很容易就想到白金漢宮（ Buckingham Palace ）。 這是當今世界上最爲人們熟悉的建築物之一。所不同的是，這座有著古老歷史的宮殿不象盧浮宮、凡爾賽宮那樣已成爲博物館，僅供遊客們遊覽參觀，白金漢宮至今仍是王室官邸，英國女王作爲國家元首，也許週末的時候去溫莎堡休閒度假，而周間，這裏卻是女王履行職責，處理公務的地方。每年夏季，有兩個月的時間，白金漢宮對公衆開放，有幸預約者可以前往參觀訪問。2012 年八月，我有幸成爲預約者之一。

　　每到一處，我就想知道這裏的歷史和人物，常常，某一段過往的歷史，真的會牽動我的心，某一個早已不存在的人物，讓我產生共鳴，讓我體會生命的共通之處。

瞭解白金漢宮的歷史，讓我對維多利亞女王和她的丈夫阿爾伯特親王有了特別的關注。

白金漢宮已有將近兩百年的歷史，最早期它被稱爲 "王后之宮"，是國王喬治三世授予夏洛特王后的寢宮。以後歷代君王也將它作爲家庭居住的宮殿，並不斷加以裝飾和擴建。

到了維多利亞女王執政的時代，女王離開了童年時期的家園肯辛頓宮，搬進白金漢宮，不但把這裏當作居所，也把它作爲辦公所在地，維多利亞女王成爲第一個在白金漢宮執政的君主。

這位十八歲就登上王位的女子，很長時間都沒有擺脫少女的喜好，在她執政的前十幾年裏，她一直熱衷於跳舞，舞會常常持續到深夜。喜歡跳舞的女子都有一個最好的舞伴，女王最好的舞伴自然是灑脫英俊的阿爾伯特親王。當時舞會是在剛竣工不久的國事廳裏舉行，地方有限，連旁邊的王座廳、畫廊和藍色會見廳都擁滿了賓客，女王決定在白金漢宮南側增建一個新舞廳。華美、絢麗的新舞廳建成了，世界各地的首腦、權貴都懷著仰慕之心來此參加女王舉行的盛會。就這樣，花了近二十年的時間，女王把白金漢宮改建成一個金碧輝煌、充滿活力的國際交際場所。

　　維多利亞女王執政六十四年，她是英國歷史上在位時間最長的國王。而她的故事中，最牽動我心的還是她與阿爾伯特親王之間鴻雁傳書，愛語呢喃的故事。

　　維多利亞女王登基後不久，就與這位德國王子阿爾伯特雙雙墜入愛河，但他們的愛情遭到王室反對，原因是，英國王室對阿爾伯特的德國王子身份有所顧忌，怕英國的王權有一天會落入德國人手中。維多利亞女王是個有主見，有魄力的君主，她衝破種種阻力，在登基後的第三年與阿爾伯特親王結成連理。事實證明，女王的選擇是對的，不論在任何場合，俊美又有頭腦的阿爾伯特親王始終都扮演著女王最好的支持者角色，他是女王生命的支柱。

　　維多利亞女王貴為王族，卻也擺脫不了普通女子遭遇的煩惱。她一生生育了八個兒女，每一次的生育，都使她陷入產後憂鬱症當中，這時候的她情緒沮喪，不願見人，常常落入極度的痛苦中不能自拔。阿爾伯特真是個聰明體貼的男人，每當這個時候，他就自動從女王面前消失，每天只寫書信安慰女王的心。那些充滿柔情蜜意的話語，象涓涓溪流，淌過因焦慮而乾涸的心田，象縷縷清風，吹去因憂鬱而煩躁不安的情緒。很多時候，阿爾伯特的心情也會陷入低谷，因為八次的重複，要有多大的毅力才能走完這條艱難的路！但他堅持下去了，他知道有些事情，內容是藉

著形式來完成的，他必須每天寫，每天將他的愛傳達
給迷茫疑惑中的愛人！

對於一個陷在憂鬱中不可自拔的女人，持續不斷
的來自心愛的人話語的安慰，對她的精神起著多麼大
的鼓勵作用！女王每天收到愛人的信，這些愛語成為
她每天的良藥。她也是一個文采極好的女子，在愛人
的激勵下，她開始用日記和回信的方式梳理著自己，
表達著對心上人同樣的愛戀和思念。

愛語的力量是驚人的！一次又一次，藉著愛語的
力量，女王從憂鬱症中解脫出來。當一切恢復正常，
阿爾伯特親王才又重新回到女王的身邊，倆人親密相
守，恩愛有加。維多利亞女王和阿爾伯特親王為後人
留下許多美麗的日記和書信，讀來令人動容！

在白金漢宮裏珍藏著一幅巨型油畫，《1846 年的
王室一家》，是當時的一位著名肖像畫家弗朗茨．克
薩維爾．溫特哈爾特的傑作，畫的是女王夫婦和他們
頭生的五個孩子。女王莊重貴氣，融國君、妻子和母
親三重角色為一身，阿爾伯特親王沉穩、威嚴，從他
與長子對視的眼神，隱隱約約透露出他的細膩和慈
愛。

我在想，很多身居高位的女人，情感上常常是缺
乏的，而維多利亞女王，真是何等幸運！男人們往往
是粗糙，大意，這給世上的女人帶來多少困擾！無論

哪個女人，如能遇上一個象阿爾伯特親王那樣，能夠如此無微不至地體貼你的心意，關心你的需要，用不休止的愛幫助你超越自己的男人，她這一生還需要別的什麼呢？這樣的男人往往也會贏得女人愛他一生！

維多利亞女王愛了阿爾伯特一生，儘管在她四十歲的時候親王就因病離她而去，儘管她餘下的生命又活了四十多年，她卻終身沒有再嫁，她是在懷想和思念中度過以後的日子。在英國，很多地方都有維多利亞女王為紀念自己的亡夫而留下的遺跡，我在溫莎堡就看見這樣的一個紀念堂，是女王親自為親王建造的。隨著親王的早逝，白金漢宮的舞廳不再舉行舞會，除了皇家音樂會還照常演出之外，一切娛樂活動都停止了，很長一段時間，女王傷痛的心無法痊癒，她選擇了離開傷心之地，長期住在溫莎、奧斯本或者別處，白金漢宮也隨之陷入了很長一段時間的閒置。女王是在 1901 年 82 歲高齡的時候離開人世的，隨著十九世紀以及女王的執政接近結束，白金漢宮色彩鮮豔的內部裝潢也在逐漸趨於黯淡。

不過，歷史不會停留在某一點裏足不前，女王之後的愛德華七世和亞歷山卓王后重又搬進白金漢宮，對室內陳設和裝修進行了改善，中斷了的宮廷生活重新得以恢復，白金漢宮煥發了昔日的榮光，以後的數年，宮殿在歷代君主的手中被修飾得越來越金碧輝煌，它的華美壯觀已經不可同日而語。

然而，流連在這座今天已經是無以倫比的宮殿大廳裏，我卻依然懷想著維多利亞女王時代的那個美倫美奐的舞廳，懷想著親王如何牽著女王的手輕波漫舞，懷想著歷史上這座宮殿裏曾經有過的令人神往的溫馨愛情。

象這樣的故事，歷史上可能鳳毛麟角，而故事中對愛語的期盼卻是世上每個人的需要。 回顧歷史的波濤，人們看見的往往只是一個粗略的輪廓，而我，卻是何等有幸，因著你愛語呢喃的溫情陪伴，我竟能在歷史的波心中，深深領悟已逝的人心，和人心中那來自天堂的永不消逝的美……

康橋遺夢

康河邊的金柳

世界排名第一的劍橋大學座落在倫敦以北的一座城市劍橋市（Cambridge），早年，我們叫它康橋。康橋，有時是指這座城市，有時是指這座大學，還有時，是指流經城市的那條河---康河上那一座座美麗的小石橋。

我喜歡康橋這個名字，是因爲徐志摩的詩，《再別康橋》：

輕輕的我走了 正如我輕輕來

我輕輕的招手 作別西天的雲彩

　　當年這位性情詩人，這位才華橫溢的中國青年，
佇立在西人國土的康橋上，離別在即，仿佛是歸心似
箭，卻又是往返流連。

　　瞭解徐志摩身世的人都知道，當年志摩在劍橋大
學讀書的時候，一直在瘋狂地追求一名女子，這女子
名叫林徽茵。徽茵最喜歡康河上的一座橋，志摩每天
陪她在這座橋上或散步或佇立，他深情地對徽茵說：
"是你我融化在了這康河裏，所以這康橋才這樣
美！"

　　是的，康橋這樣美！八月的康河兩岸，在我眼
裏，正是詩人所描寫的景色：

> *那河畔的金柳　是夕陽中的新娘*
>
> *波光裏的豔影　在我的心頭蕩漾*

　　當年的志摩，身處在康河的美景中，卻被愛情的
烈焰煎熬，以致於只想作河裏的一條水草，在如虹般
的清波里，沉澱一個美麗的夢。

> *軟泥上的青荇　油油的在水底招搖*
>
> *在康河的柔波里　我甘心做一條水草*

那榆蔭下的一潭 不是清泉 是天上虹

揉碎在浮藻間 沉澱著彩虹似的夢

　　可是志摩的詠歎最終沒有打動徽茵，徽茵不久就回到國內，後來與梁啓超的兒子梁思成結了婚。志摩得知徽茵回國的消息，在劍橋一刻也呆不下去了，他要回去追尋所愛之人的足跡，他想用他那顆炙熱的愛心，打動對方的感情。

　　人間的愛情十有八九都不如意，有時候是一方追著另一方，另一方卻別有所愛；有時候是兩情相悅，卻又面臨種種阻攔；即便是心意相通，彼此相戀，待到相守的時候，又不能終其一生；也有終其一生的，可從什麼時候起，以往醇香濃郁的愛情早已變得寡淡無味！哦，愛情！什麼是完美的愛情？也許現實的世界裏並不存在，只有在夢境裏才可追尋！

尋夢 撐一支長篙 向青草更青處漫溯

滿載一船星輝 在星輝斑斕裏放歌

但我不能放歌 悄悄是別離的笙簫

夏蟲也為我沉默 沉默是今晚的康橋

　　志摩終究是在沉默中懷想昔日的美好時光，在沉默中徘徊於即將離別的康橋，在沉默中悄然離去……

　　他不知道，後來的人爲了尋找他和徽茵的那座康橋，且費了許多的氣力，有人說，是國王學院的拜倫橋，也有人說是離拜倫橋不遠處的那座歎息橋，甚至旅行團的導遊會拿著徐志摩的詩，帶你穿梭在康河上那一座座充滿靈性的橋間，煞有介事地指著某處對你講解，這裏是“河畔的金柳”，那裏是“軟泥上的青荇，在水底招搖”。

　　哦，康橋！康河上那麼多座橋，究竟哪一座是志摩再別的康橋？沒有人知道，也無須知道。世界上的許多事情都只明瞭在當事人的心中，或者那只是一個象徵性的符號，代表著詩人一個未圓的夢！

　　志摩的一生，全心熱烈地追尋著夢想，他的死竟也是如夢般絢麗壯闊，在一次意外的飛機事故中，他剎那間就化作了一縷青煙，一絲雲彩，一片空朦中遙遠的回音。他離開人世的時候年僅 32 歲。　國王學院的拜倫橋邊有一塊石頭，那是志摩的紀念碑，沒有來龍，沒有去脈，有的只是那幾個字。

悄悄的我走了　正如我悄悄的來

我揮一揮衣袖　不帶走一片雲彩

　　詩人走了，沒有帶走一片雲彩，卻留下了這首詩。那是生命裏的一縷情思，一段如煙的往事，一個刻骨銘心的愛情夢想。他留給了這默然無語的康橋，留給了康橋上尋夢的後來者，亦或是留給了我，在多年後的今天，躑躅在這悄然的寂靜裏，疼惜詩人當年的情傷，憑弔他英年早逝的才華，想幫他尋回一段故事，一個在康橋上遺落多年的愛之夢……

❀ 石頭上的情緣

風景秀麗的約克古鎮

　　約克郡 （Yorkshire） 位於英格蘭的東北部地區，是英國最古老的城市之一，2000 年前由羅馬人建造,後來又被北歐海盜佔領過很長時間，直到征服者威廉來趕走北歐海盜，建立了英國，約克郡成爲英國最早的城市之一。

　　這裏有充滿神秘氣息的古堡，有風景秀麗的大莊園，有高聳入雲，恢弘壯麗的哥特式大教堂，還有英格蘭境內最長的中世紀古城牆，長達 3400 米，器宇軒昂，環城一周，向世人展示著凝重深沉的歷史。同時，來到約克郡，你還能感受到現代旅遊業的蓬勃生機，各種各樣希奇古怪的旅行方式，會讓你大開眼界，產生從未有過的前衛激情！

仿佛穿越時空的隧道，"挖掘之旅"把你和歷史連在了一起，你可以按照一定的路線，親身參與考古體驗，在模擬的考古研究場地，你可以嘗試親手挖掘出一座古羅馬時代的堡壘，感受中世紀時期的藝術珍品破土而出的興奮。

驚心動魄的"尋鬼之旅"，卻把你帶到歷史上沉澱多年的傳說和幽靈出沒的詭異故事當中。據說，約克郡的幽靈數目很多，當太陽落下去，繁星升起來的時候，這些幽靈就會在皎潔的月光下出沒，你可以沿著石子鋪就的小路，到燈光迷離的酒吧，或是幽靜無人的花園，亦或是悵然矗立的古城牆上，尋訪這些幽靈，體味那種心驚肉跳的感覺。

據說有人在一條埋於地下 15 英尺的隧道上方，看見過一支鬼部隊，那些羅馬士兵身穿緊身戰服，頭戴盔甲，騎著戰馬，從隧道裏沖出來，從目擊者恐怖的描述中，你不僅能聽見隱約的衝鋒號聲，還能看見騎在戰馬上的無頭騎士。哦，這是當年戰爭場景的再現嗎？何等驚心動魄的廝殺！古代人們宣洩仇恨的唯一方式就是戰爭，今天的人們是否有更好的方式化解仇恨？

還有人遇見過一個灰衣女，這位女子經常出沒在格魯吉亞皇家劇院的一間包廂裏，傳說她是一位修女，當年和一位貴族青年墜入愛河，違反了教規，被終身監禁在這個沒有窗戶的房間裏，當年的這個房間恰好就是今天皇家劇院包廂的一角。可憐的女子，你是來向世人昭明你的千年冤屈，還是想來尋回那段不了的情緣？

在國王花園的城牆之間，還經常遊走著一位穿戴華麗的年輕婦女，人們說她是都鐸王朝的凱薩琳皇后，這位皇后是亨利八世的第六任妻子，成爲皇后不久就被喜怒無常的亨利八世處決了。歷史的悲情就刻在了這段城牆之間，成爲人們千年不斷唏噓不已的話題。

我在想，假如我與這些幽靈不期而遇，我可能不會驚慌害怕，只在心裏默默爲他們祈禱，祈求全能者大施憐憫，超度他們脫離前世的恩恩怨怨，和那糾纏千年的愛恨情仇。

我最終還是選擇了自己的旅行方式——古城牆漫步。在城牆上悠悠地走，閑閑地看，那些黃褐色的石頭讓你體會古羅馬的建築風格，也讓你追思當年在這裏發生的入侵與抵抗，你會感到歷史和文化凝聚在城牆上的每一塊石頭裏。英國實在是一個注重文化傳統的國家，兩千年的古跡竟然保存得如此完好，令人歎爲觀止！

　　我想起從前在南京的時候，小九華山附近也有一段古城牆，那是早已消逝了的城牆遺跡中僅存的一小段，閑的時候常常去，在衰草連天中體會歷史的滄桑，發發文人思古憂今的感歎。然而，多年以後重歸故里，那僅存的幾片秦磚漢瓦早已無處尋覓，取而代之的是一些不堪一擊的建築，我仿佛看見一堆石灰與沙土的廢墟！無視歷史是可悲的，破壞歷史簡直可恨了。倘若陳子昂活到今天，是否會從另一個意義上發出他的悲歎："前不見古人，後不見來者，念天地之悠悠，餘愴然而涕下！"

　　而我，作爲一個小女子，無力對抗任何歷史的不公，只有躲在小女子的情懷裏，用上蒼賜給我的一點點靈慧，去穿越時空的隧道，體驗天地間那道由古至今從未改變過的風景線，冥冥中我知道，在某一個超越的世界裏，每一塊冰冷的石頭，都深藏著撲歉迷離的亙古情緣。

　　我在城牆的一塊巨型方石上，看見了許多名字，據說很久以前，一些部落的人們相信，將一個人的名字寫在一塊古老的石頭上，這個人和書寫者的連接就會象這塊石頭一樣地久天長。想來這些名字，都是書寫者心中的珍愛。忽然驚怵，無數年前，是否也有人將我的名字寫在了一塊石頭上，以致於恍惚間今世的塵緣裏竟有前世不了的纏綿，如今，我也隨手寫下一個名字，或許可以存到永遠，去接續那亙古延綿的情絲，去向後人述說另一個石頭的故事。

　　約克郡的古城牆屹立千年，每一塊石頭都述說著
變遷的歷史，人心裏是否也有一些東西可以逾越千
年？歷史就在另一個看不見的隧道裏悠悠蔓延……

魂斷藍橋情不了

倫敦滑鐵盧橋

泰晤士河在倫敦的鬧市區中心地帶，轉了一個近乎 90 度的大彎，滑鐵盧橋剛好就在那附近橫跨河的南北兩側，成爲觀賞兩岸綺麗風光的最佳視角。這座橋早在 1817 年就已建成，當年通車的時候，英國舉國上下都在慶祝滑鐵盧戰役中威靈頓公爵大勝拿破崙兩周年，因此這座橋取名爲 "滑鐵盧橋"（Waterloo Bridge）。

其實，滑鐵盧橋在泰晤士河上眾多的石橋中，並不算是最特別的一座橋，讓它一時間聲名鶴起的原

因，是美國電影《Waterloo Bridge》，中文譯成
《魂斷藍橋》。這是一部史詩般的戰爭愛情片，講述
一名軍官邂逅了一位芭蕾舞演員，倆人深情相愛，準
備結婚。可是婚禮前夜，軍官接到命令上了前線，芭
蕾舞演員也因選擇了結婚而被芭蕾舞團辭退。淒迷憂
傷的故事由此開始。戰爭帶來了失業、貧困和饑荒，
報紙誤登軍官已戰死疆場，癡情的女孩痛不欲生，爲
了幫助軍官年邁的母親，她無路可走，最後不得不淪
爲妓女，當戰爭結束，軍官突然戲劇性地出現在眼
前，這位無辜的女子爲了維護軍官家族的名譽，選擇
了結束自己的生命。泰晤士河上的這座橋，滑鐵盧
橋，終於成爲她香消玉殞之所。

　　無獨有偶，當《魂斷藍橋》因得到當年的奧斯卡
金像獎而風靡世界之時，香港的邵氏電影公司宣稱要
拍一部東方的《魂斷藍橋》，這就是 1962 年獲得香
港電影金馬獎的《不了情》，故事也大致雷同，一位
美麗癡情的女子與一位富家少爺相愛，後來在戰爭中
少爺家境中落，女子爲了在經濟上援助少爺，淪爲歌
女，結果還遭致少爺誤解，以死謝世。

　　值得一提的是，飾演癡情女子的演員是曾經獲得
四屆"亞洲影后"稱號的林黛，這在亞洲電影史上絕
無僅有。林黛一生拍了 36 部電影，正當她在電影事
業上如日中天的時候，她卻自殺身亡，死的時候還不
到 30 歲。這一事件給當時的香港社會帶來極大震

撼，甚至有一位她的影迷用同樣的方法為她殉情而死！

人們不禁發出驚問，林黛，為什麼要死？為什麼？有人說電影界的後起新秀給她帶來壓力，有人說她跟丈夫感情出了問題，還有人說她是用這手段跟丈夫撒嬌，她已經是第三次吞服安眠藥了，前兩次都是丈夫及時回家，將她送往醫院搶救，這次她依然是算准了丈夫回來的時間，並在遺書上寫到："別送我到大醫院，以防那些討厭的記者。"可那次丈夫偏就沒有照平常的時間回家。

林黛的丈夫是當年號稱"雲南王"的雲南都督龍雲的第五個兒子龍繩勳，他們倆在紐約相遇，一見鍾情，回香港之後就締結婚姻。應該說，倆人感情是很深的，但身為闊少的龍公子難免沾染風花雪夜的習氣，這大概是心高氣傲的林黛無法忍受的地方，他們常常為此發生摩擦，女人是最容易為情所困的，這些不快樂鬱結在心頭時間長了，就有可能想不開。然而，這個故事最令人感動之處，是林黛去世之後，龍公子終身沒有再娶，龍公館裏從前林黛的房間，四十三年沒有絲毫的改變，化妝品依然放在洗漱間的臺子上，一雙繡花鞋安靜的呆在床腳，直到 2007 年龍繩勳離開人世為止，四十三年，這位多情公子就是用這種方式表達他對愛妻的致死懷念！

當時的林黛的確是為情而死，可是，看起來龍公子並沒有負情於她，她爲什麼決斷如此，連一點餘地都不留？我想，這大概要歸罪於男女天生的性格差異，我們不妨在此探討一下這個話題，或許對世間男女皆有益處。

當初上帝造女人的時候用的是男人身上的一根肋骨，所以女人總是象一枚骨質的雕飾那樣細膩，靈慧，她緣出於男人，因此註定了離不開男人的關愛，一旦受到冷落，就會生出無限幽情怨懟，仿佛那件骨製品`，在無人關注的靜夜裏閃著幽幽的藍光。卻偏生這世上真正懂得女心的男人實在不多，大概是因爲上帝造男人的時候用的是泥土，所以男人總是象一個土制的瓦缽那樣粗獷，笨拙。

一個注重細節，一個粗枝大葉，但倆人一旦相愛，都在尋求方式表達。女人的方式是纏綿悱惻，總有表達不盡的柔情蜜意，總希望依偎在男人的懷抱，片刻不離，一旦男人不在眼前，就生出很多不安全感。這樣，自己的世界越來越小，小小的世界裏別的東西也越來越少，只有他，只有他，成了世界裏的全部，成了生命裏的所有。而男人呢？愛上一個女人，也得到了這個女人的愛，他心裏就安全了，他把這份愛放進了心裏的一個抽屜裏珍藏著，需要的時候打開一下，而其他的時間，他心裏還有許多另外的抽屜需要打開，他該幹什麼還去幹什麼，和女人情意綿綿已經不是生命裏最重要的事情。這樣，矛盾就開始了，女人開始抱怨男人不在乎她了，男人開始辯解沒有啊，我依然愛你。女人說拿出行動來啊？男人說你還要什麼行動？漸漸地，女人心裏生出許多傷感和埋怨，男人心裏生出許多苦惱和無奈，久而久之，男人被抱怨得束手無策，只好躲避逃離，女人心裏的積怨越來越深，最終不堪負荷。愛情呢？愛情還在，只是出路為何？林黛，你是否就是這樣為情而死？龍公子呢，是否是在愛妻死後才惦出這份情的重量？哦，這個深情的傻男人，早知有這麼多年漫長的相思，為何不在女人還活著的時候對她更疼惜一點？世上最脆弱的東西莫過於陷入愛情的女人的心，如果這世上的男人能有多一點的體貼，大概也就不會有這麼多的悲劇發生了！

我歎息林黛淒美的一生，又被這份淒美所震撼，這實在是一份"寧為玉碎，不為瓦全"的愛，一份在毀滅中完善的表達！我也激賞龍公子的人品，他用一生的寂寞完成了他情深義重的表達！

唉，唉，回頭想想，人生又大可不必如此，男人，女人，彼此之間只要多一點瞭解彼此的差異，多一點寬容和體諒，事情就不會這麼絕對了。女人，除了你的愛人，千萬別丟開生命中的其他寶貝，情趣、愛好、友情，這些會讓你生命更豐富。男人，試著多懂一點那顆女心，常常用溫柔的舉動，甜蜜的愛語撫慰它，讓它得著充分的滿足。要知道，男人持續不斷

的愛的滋潤，會使一個原本寡然無味的女子變得優
雅，美麗，韻味無窮，而她性情中漸漸沉澱的柔情蜜
意，終將化作點點滴滴的感恩報答，重新流回男人粗
礦的血液中去，激勵他，造就他。可是如果這女人遇
到的是一位毫不開竅的男人，她便不得不將那顆女心
隱藏起來，隱藏得久了，幽怨的情愫就隨之產生。幽
怨，之所以還能稱作美，那是因為它在女人身上仍是
一種淒豔的傷情，當有一天，女人靜靜的幽怨變作了
怒氣的發洩，生命裏這份傷情便逐漸被一種粗蠻強悍
的東西所代替，於是這世上就多了一種被稱作“夜
叉”或“悍婦”的女人，那就真是令人痛心疾首了！
其實，我冒昧下個斷言，所謂“事業型的女強人”也
由此而來。生活中，像林黛和龍公子這樣的故事畢竟
少有，而被稱作“夜叉”或“悍婦”的女人，或者
“事業型的女強人”卻比比皆是，男人啊，你們實在
推卸不掉責任！

　　落日的黃昏，我站在滑鐵盧橋上，目睹兩岸喧囂
繁華的街景，凝望橋下平靜流淌的河水，《魂斷藍
橋》和《不了情》的電影劇情在眼前浮現，林黛和龍
公子的真實故事在腦海中重演，心又被某種溫柔的情
愫牽動，儘管世事滄桑，一切都會過去的，一代又
一代，前塵往事都將在過眼雲煙中消逝殆盡，只有這
泰晤士河裏的水還在平靜的流淌，只有上蒼賜進人心
裏那份逾越千年的愛情還在幽幽蔓延……

◈ 雨中尋訪愛情聖地

莎士比亞故居

從南邊，經過愛汝河南岸那片叫作"菲爾登"的開闊田野，就進入了風景如畫的英國小鎮——斯特拉福，它被稱作"世界七大愛情聖地"之一。其餘六大愛情聖地：義大利維羅納，捷克布拉格，德國科隆，葡萄牙奧比都斯，法國普羅旺斯，希臘雅典。

斯特拉福，是莎士比亞的出生地。莎士比亞，這位文藝復興時期的偉大劇作家和詩人，一生創作了許多絕美的愛情故事，令後世人魂縈夢牽。人們把他的故鄉稱爲"愛情聖地"，是因爲這個古老小鎮本身的浪漫魅力，還是因爲莎翁作品中愛情的無比震撼力？

到達斯特拉福的時候，天正下著雨，雨點十分密急，小鎮在煙雨朦朧間若隱若現，透出某種神秘。從停車場到訪問者中心，幾十步的路程，身上已被雨水淋濕。在訪問者中心買了一件雨披，拿上地圖，問明方向，就向亨利街走去。

莎翁的故居就在亨利街上。儘管經歷了四百多年的風風雨雨，這個小鎮依然保持著中世紀柵欄格式的街道，莎士比亞童年時住的老屋、老屋後院開著黃玫瑰的花園、他父親的手套作坊、他兒時的玩伴理查.霍恩比的家，……這一切都在亨利街上保留完好。從亨利街往南，可以走到中世紀的石橋克洛泊頓橋，往西，經過愛德華六世的文法學校，以及當時專供旅行藝人表演的專業劇院伊利莎白.傑爾德大廳，一直可以漫步到莎翁最後的安息地——聖三一教堂。

雨中行走在斯特拉福這個古老的小鎮，你可以感受到這裏的恬靜和溫馨，想像一下，當年的莎士比亞，在這個充滿鄉間情調又富有文化氣息的美麗小鎮上生活，對他日後的創作有著多大的影響？他的作品以描寫人間最絕美的愛情而被後人膜拜，這與他當年在這個風光旖旎的小鎮上的愛情生活，有著怎樣的關聯？

帶著這樣的好奇，我一路尋訪著小鎮上與莎士比亞有關的每一個景點，發現不少景點都有提到他與妻子安妮當年的愛情，在離莎翁故居不遠處安妮的故居裏，有一把椅子，被稱爲"求愛者的椅子"，據說當年安妮就是坐在這把椅子上接受莎士比亞的求愛。在愛汝河畔有一些供人休息的長椅，也被人描述成是詩人當年與安妮的浪漫場所。似乎旅遊商家們在有意無意間向人們暗示，莎士比亞與他妻子安妮之間的愛情正是他作品的縮影，仿佛希望人們相信詩人作品中無以倫比的愛情故事正是來源於他的實際愛情生活。我不能說這個思路完全不對，但如果我們更詳細地瞭解一些情況，可能會從另一個角度思索這個問題。

莎士比亞 18 歲的時候娶了 26 歲的安妮爲妻，那時他已使安妮懷孕，因此他們的婚禮不得不在匆忙中舉行。我不知道一個少年人在當時的情況下，娶一個比自己大 8 歲的女子爲妻，他心裏是什麼感受，也不知道這段婚姻到後來會是怎樣的演變，當然他們一輩子沒有離婚，那時的傳統禮教是不提倡離婚的。不過，我們從莎士比亞的作品裏也許可以看到一點他的真實念頭。在戲劇《第十二夜》中，有一段奧斯諾公爵給一對男女的忠告，他對女子說："女人應當撿一個比她年齡大些的男人，這樣她才跟他合得來，不會失去她丈夫的歡心。"他又對男子說："那麼選一個年輕一點的姑娘做你的愛人吧，否則你的愛情便不能常青。"這是否是莎士比亞對自己的婚姻內心懊悔的流露？

　　然而愛情，在莎士比亞的描寫中，卻是充滿純美的浪漫天籟，讓我們來看一看他寫的這首描繪愛情的十四行詩吧！

我該把你擬作夏天嗎？

你比夏天更可愛，更溫婉；

狂風會把五月的嬌蕊吹落；

夏天出租的期限多麼短暫；

有時天上的眼睛炙熱如火；

他金色的面容又在瞬間陰暗；

一切美的事物總不免凋謝；

被機緣和自然的代謝摧殘；

但你，永恆的夏天不會褪色；

不會失去你所擁有的美善；

死神也不能誇勝，說你在它陰影裏徘徊；

當你在永恆的詩行裏與時間並進；

凡有氣息的人們呐；

你永存的魅力將賜給他們生命！

哦，詩人把愛情比作"永恆的夏天"，它不可戰勝，有穿越死亡的大能，也有著與時間共長久的魔力！這在莎士比亞的悲劇中表現得更加明顯，《羅密歐與朱莉葉》中的愛情故事充滿美幻與悲壯，這樣的純粹，這樣的完美，這樣異乎尋常的動人，難道不是活在現實缺憾中的人們心所嚮往的嗎？只是無法避免的是，這樣的愛情總是以悲劇告終。

我始終相信，現實生活的缺憾和精神世界裏對完美的追求永遠是詩人創作的原動力，這兩方面卻又不能互為因果，到底是因為現實的缺憾使詩人只有在精神的領域中去追求完美，還是因為詩人天生就追求完美，因而現實對他來說永遠是缺憾？

莎士比亞真實的愛情生活到底怎樣，人們只能憑想像去猜測，然而他作品裏仿佛天籟的愛情，歷經數百年依然在人們心中盪氣迴腸，他好像又似乎在告誡人們，這樣的愛情與現實是不能共存的。或許純美的愛情在現實中本來就是很脆弱，它象情人眼裏的一滴淚，還沒來得及用一個水晶瓶子收集了珍藏，就落到現實的泥土上被無情地摔碎。多麼希望有人對你說：

即便你已被摔成碎片

讓我用血肉將你縫合

從此你如起初的玫瑰

開在我心裏愈加完美

可那不過是詩人的想像，現實中即便有這個心，誰又有這個能力！

然而我知道，在另一度美善的空間，至高者的大能，卻可以使破碎的心癒合，使沉淪的人得到拯救。那位宇宙萬物的創造者從高天寶座上發出慈聲："凡勞苦擔重擔的人到我這裏來，我就叫他得安息！"

斯特拉福，你被稱爲"愛情聖地"，終是因爲你孕育了一位情聖的弟子，他被人稱爲"愛汝河的甜蜜天鵝"。當我在雨過天晴的黃昏，來到愛汝河邊，看著浮在河面上悠閒恬靜的天鵝，心被柔軟的情愫牽動。哦，上帝！你賜給了莎士比亞一支生花的筆，使他把天堂的愛描繪得那樣美麗，你同樣也賜給了我一顆靈敏的心，以致於可以爲人間的一絲柔情心動不已！可我最終還是明白，人心裏對愛的感受是從上帝而來，人渴望得到的那份完全的愛也只有上帝那裏才有，我們這些有限的人，原本是不懂得愛，也沒有能力愛的啊，愛的源頭是上帝！

哦，你不要憂傷，我心中的甜蜜天鵝，這一生尋尋覓覓究竟爲何？來吧，回歸上帝的懷抱，天父的愛才是無以倫比！相信我吧，愛情聖地，它不在人間，它在天父那裏！

靈魂深處的表達

披頭士樂隊的四個男孩子

　　到達利物浦（Liverpool)的時候是傍晚時分，這座英格蘭西北部的港口城市，正籠罩在朦朦細雨之中。我們下榻的酒店就在阿爾伯特港口（AlbertDock)對面，穿過雨中的街道，來到這座世界聞名的船塢碼頭悠悠漫步， 心裏有一種說不出的感動，為著眼前雖然朦朧卻有跡可循的景物，也為著心裏清晰可見卻無影無蹤的牽掛。知道自己的心，無論走到哪里，都有一份來自故土的情，縈縈繞繞，難以割捨。

　　繞著船塢旁邊的建築物走了一大圈，驀然看見在一排紅磚牆壁的中間，寫著幾個醒目的大字："The Beatles Story Exhibition"。哦，這就是世界著名的"披頭士樂隊（又稱'甲克蟲樂隊'）展覽館"！在英國，甚至世界其他地方，都會聽到有人問："到底是英國皇家，還是披頭士樂隊，才是英國真正的標誌？"

披頭士樂隊被公認為是世界流行樂壇歷史上，最成功最偉大的樂團，據美國唱片業協會正式統計，他們的唱片全球銷售量超過10 億張，為歷史上最高。而這個樂團在1957年成立的時候，不過是四個在利物浦上高中的十幾歲的男孩子。二十世紀六十年代，披頭士樂團在全世界巡迴演唱，獲得空前絕後的成功，隨後，他們的成功不僅在音樂上，同時也給西方社會文化變革方面帶來深遠的影響。"二十世紀六十年代"，這個標示著年代的數字，把我的思緒拉回到我日夜牽掛的那片土地。

二十世紀六十年代，我帶著毫無選擇的無知與無奈呱呱墜地，而我的祖國卻正在發生著一場靈魂深處的革命。這場革命雖然有始作俑者，但最早採取行動的正那些十幾二十歲的年輕人，他們丟開了傳統道德禮教的約束，開始讓靈魂自由奔放的表達，可表達的都是些什麼？憤怒，仇恨，野蠻，暴力！多少人受整挨打，多少人被關牛棚監獄，又有多少個家庭親情破裂，反目為仇。老師被掛牌游鬥，書本被焚燒殆盡，教育被當作四舊破除，文明被踐踏在腳底！這樣蠻橫的行為，竟是為了一個聽起來極其美妙崇高的理由："為共產主義事業奮鬥！"天呐，這場革命將人心中的美善全部摧毀，將人靈魂深處的良知徹底扭曲，以致於今天，我的祖國母親雖然已披上時髦的秀髮，穿上新時代的盛裝，可靈魂裏的累累傷痕依然沒有痊癒，放眼望去，那創傷帶來的毀滅性的毒素依然造成滿目瘡痍。而我就是在這樣的一個背景中長大，那時候談不上音樂，耳濡目染的是打打殺殺的口號，是帶著極強烈政治色彩的紅歌。

我終於不得不遏止住自己的思緒，回到眼前的披頭士展覽館所展現的另一個世界，也是二十世紀六十年代，也是一場靈魂深處的革命。

隨著第二次世界大戰的結束，西方社會面臨著前所未有的危機，經濟的低靡，失業人口的劇增，戰爭給人留下的心靈恐懼，這一切都令人焦慮不安，抑鬱悲傷，甚至憤怒怨恨。當時的利物浦是二戰的重災區，這座城市曾經遭到80多次空襲，2500多人死亡，城裏幾乎一半房屋受損，如今一切都有待復興。城市建設的復興還算容易，只要有目標，有人力，有資金就可以辦到，可靈魂復興的出路在哪里？

這時候，利物浦出現了四個男孩子，都只有十幾二十歲，他們用音樂唱出了陽光與愛，唱出了生命的

頑強，唱出了靈魂中對自由與和平的渴望。他們的搖
滾充滿激情奔放的魅力，充滿青春向上的氣息，這無
疑是給當時萎靡不振的人群打了一針強心劑，人們在
充滿活力的音樂中清醒了，生命的能量復蘇了。伴隨
著披頭士音樂風靡西方世界，人們深深愛上了這一份
靈魂深處的自由表達。雖然披頭士只在世界樂壇上活
躍了十年，但全世界範圍內，他們的歌迷在以後的日
子裏有增無減，他們的音樂超越了時空，超越了國
界，在人們靈魂深處打下了永久的烙印。哦，靈魂深
處的表達，不僅是這四個男孩子內心的表達，他們帶
領著全世界的年輕人用現代搖滾的方式表達著現代人
的靈魂！

　　這四個男孩子，他們的名字分別叫作約翰.列儂
（John.Lennon）、喬治.裏森（Georg.Harrison)和林
戈.斯塔爾（Ringo.Starr）、保羅.麥卡特尼
（Paul.McCartney)。同樣是十幾二十歲的年輕人，
同樣是靈魂深處的表達，為什麼有這麼大的不同？是
我那遙遠的時時令我牽掛的故土，哪里出了問題嗎？

　　若順著這個思路去尋找答案，我們一定會得出很
多結論。但我卻看到事情的另一面，在披頭士展覽館
所展示的絢麗多姿的搖滾光環背後，卻隱藏著為人們
所忽略的罪惡與黑暗。二十世紀六十年代的西方世
界，隨著現代搖滾而來的是性氾濫和毒品氾濫，這四
個出道時清純有理想的年輕人隨著名利的到來，也免

不了沉淪在毒品和性的罪惡當中，他們最得力的經紀人就是吸毒過量而死，死時剛剛過30歲。四人中的主力約翰.列儂是被人槍殺的。在這個被七彩迷光環繞著的西方現代舞臺上，同樣有謀殺、吸毒和性氾濫的罪惡！

我終於明白，人性中的罪性並不分西方和東方，也不分中國和外國，二十世紀六十年代，我的同胞被人性中的惡完全佔據了，而西方人性中的惡仍在悄悄滋長中。哦，善良的人們，不要再說"人之初，性本善"了吧，全世界都淪落在罪中，惟有等待上帝最後的審判！有時候我想，當我把我的故土悄悄拿來和西方比較的時候，常常看到一個不爭的事實，那就是，西方所長之處，常常都是上帝信仰所散發的光芒，離開這個基礎，西方東方人性都是一樣，只不過西方文明中一直都有上帝的位置，因此上帝的影響力一直源遠流長，人因為有上帝，有些事情還不會太離譜。而我的祖國，幾千年的文明一直都籠罩在偶像崇拜的陰影當中，從造物主來的美善在人性中失落得更加厲害了！

哦，我的故土，我的同胞,包括全世界不認識上帝的人，是否再需要一次靈魂深處的革命？那是由上帝之愛引發的一次心靈的覺醒，是信仰帶來的美善的回歸。我在遙遠的天邊，為我的祖國祈禱，盼望這個回歸的時刻能夠很快降臨！

薰衣草的情懷

在好友的空間裏看見一套薰衣草的圖片，紫色系列一望無際，連著地，連著天。想想，那一株小小的薰衣草，何等纖細，而這一大片紫色的海洋，被人拍進照片裏，需要有多少株那樣纖細的小草相依為命？

薰衣草，其實不是草，星星點點的小綠葉上，頂著一小蓬紫色的花，就因為它太過纖細，太過微小，人們已經不把它當花，只當是草，只當是草，微不足道的小草！

據說，薰衣草的花語是"等待愛情"，就因你不起眼，就因你不足道，所以你就只有等待的份兒？等待花季的的時候含苞怒放的一刹？等待路過的人們投來憐惜的目光？等待終於有人把你采在懷裏，去向心愛的人表達愛情？哦，你不是春天的鬱金香，你不是夏日的紅玫瑰，你不是秋天的野山菊，更不是冬季裏傲雪的臘梅，你命裏註定只是一株小小的小小的薰衣草，你只能在無人注目的地方，久久地久久地等待……

前些日子，逛西雅圖農夫市場一家花店，一個小小的角落，圍了許多人，湊過去一看，人們在圍觀薰衣草！眼前的薰衣草，已不是新鮮活潑的氣息，而是風乾的枝葉和花朵，用一根細細的綢帶，一小束一小束綁紮著，紫色的意韻尤在，只是失了從前的鮮豔，變得凝重而枯槁。在從前，沒有樟腦丸的年代，爲了防止衣櫥裏長蟲子，人們用的就是這種薰衣草。圍觀的人們將一束薰衣草，放在鼻子前面聞一聞，嘖嘖稱讚之後，很快就掏出錢包，付款完畢，個個都小心翼翼地捧著薰衣草離開人群，臉上帶著心滿意足地笑。

我也拿起一束薰衣草，還未及捧到眼前，一股濃郁的香氣已經撲鼻而來。這香氣，濃而不刺，香而不膩，放在衣櫥裏，什麼蟲子都不敢近身，被它薰過的衣服穿在身上，散發出的香味比世界上任何上好的香水都好聞。

我在想，枯乾了的草，還能保存這樣濃郁的香，在它活著的時候，要積攢多少生命的能量！哦，薰衣草，你等待一生，難道就是爲了此刻的濃香一瞬？這是何等動人的情懷！

好友在說說裏這樣寫道：“薰衣草的花語：等待愛情。那麼，你在等誰呢？”你是在問自己嗎？哈，此刻你問自己在等誰，其實愛情已經悄悄鑽進你心裏啦！但願你也有薰衣草的情懷，美麗的愛情就會對你青睞！

告訴你，我多想念你

那天，和藍姐去逛西雅圖城中心著名的農夫市場，一家一家的小店，一排一排的各色商品，一群一群遊逛的人潮，象中國的趕廟會，不同的是，耳朵裏並不嘈雜，人們只是安安靜靜順著人潮走，最大程度地發揮眼睛的功能，嘴卻閉著，必要的時候，和旁邊的人耳語交談。

我問藍姐："這裏很多都是中國人的面孔，爲什麼人到這裏都變了習慣？"

藍姐說："可見習慣也不是不能改的，環境的因素很重要。"

中午，我們找到一家靠近海岸的法國餐館就餐，服務小姐領我們到一張臨窗的桌前，憑窗而望，是繁忙的港口，再望出去就是一片湛藍色的海水，大小郵輪、渡輪在海面上穿梭而過。當我的目光越過渡輪，繼續往前延展的時候，心裏不免咯噔了一下，再過去就是太平洋了，太平洋的對岸就是我來的地方，那地方我才去過，那裏的人也都剛剛有了新的連接……

我隨手打開手機 qq，忽然看到輝子，敏敏，還有頻在我的空間裏留的話，梅穎、蓓蓓、黎鵬、

Tiger,你們也常到空間來看我，你們在大洋彼岸還都惦記著我，用你們的話帶給我開心和溫暖，我的心中頓生感慨。哦，親愛的朋友們，我們雖然離得那麼遠，心卻如此近！環境，環境能改變很多事情，卻改變不了我們共同擁有的過去，改變不了過去那段象根一樣的東西。

我會將你們永遠記在心裏，不需要在嘈雜的人群中喊叫著表達，只須藏在思念的深處，偶爾，一句耳語，告訴你，我多想念你！

裸奔的女子

在西雅圖城中心的農夫市場閑閑地逛 ，就逛進了一家巧克力專賣店。

一向不大愛吃甜食，卻對巧克力情有獨鐘，而所有巧克力中，又獨喜歡 Godiva 巧克力，心裏知道自己，不僅是因為這種巧克力的口感好，一小塊含在嘴裏，醇香濃郁連腸胃都要化掉，還因為商標上那個女人，那個故事中叫 "Lady Godiva" 的女人！"Godiva" 這個字在古老的英文裏是 "上帝的禮物" 之意，而這個女人，葛黛娃，正是上帝賜下的禮物！

我在貨架上慢慢尋找，很快就找到了那個商標，商標上的女人，雙目微垂，一頭秀髮遮住了半邊面頰。她是一個活在 11 世紀的貴族女子，天吶，已經過了一千年，可人們依然記得她，記得她曾經留下的令人心動的傳說。

傳說葛黛娃的丈夫是舊時英國一個城堡的主人，當時他的稅收壓得整個城堡裏的百姓喘不過氣來。葛黛娃看著百姓的疾苦，心生同情，多次請求她的丈夫給百姓減稅，都遭到丈夫的拒絕。最後一次，他丈夫不知動了哪根壞神筋，對她說，如果她願意裸體騎馬在城街上跑一趟，他就減稅。

葛黛娃深深地盯了丈夫一眼，轉過身去。

第二天早上，葛黛娃將盤著貴族式樣的髮髻取下來，一絲不掛騎馬出了城堡的門，馬蹄得得響遍街巷，護衛著她周身的是那一頭當風的秀髮。

也就在那天，城裏的百姓都知道葛黛娃在爲他們請命，所有人都相約了，將自家的門窗全部關好，絕不用目光褻瀆這位神聖的女子。

還是在那天，有一個叫作湯姆的小男孩，禁不住好奇，將糊紙的窗子戳破一個小洞，從小洞裏望出去，望見了奔跑的快馬，和長髮裹身的葛黛娃。從此後，英文裏就留下那個諺語，叫"偷看的湯姆"（Peeping Tom ）。

葛黛娃的丈夫終於被妻子的勇敢所打動，在驚訝與欽佩中實踐了自己的承諾。

這就是葛黛娃，那個印在 Godiva 巧克力商標上的女人；那個在英國著名的博物館裏都珍藏著她的油畫和雕塑的女人；那個從一開始聽到她的故事，就在我心中打下深深烙印的女人……

那天，在西雅圖城中心的巧克力專賣店，買了一塊葛黛娃巧克力，輕輕咬下一小口，幽幽地含著，什麼東西開始慢慢地化開，先是在口裏，後來在心裏，象湖中的輕漣，一層一層蕩開了去……

他有一顆肉長的心

西雅圖是個有山、有湖、有海的城市，在湖與海的交界處有個著名的景點，是一個水閘門。這個水閘以一個人的名字命名，稱為 "Hiram M.Chittenden Locks"。這麼長一個名字，我們就簡單叫它"齊先生的水閘"吧。

這位齊先生是美國二十世紀初的一位水壩建築工程師，在他建造水閘之前，由於海水和湖水的水位有落差，造成船隻運輸的困擾，湖裏也常會發生海水倒灌的禍害。齊先生 1906 年來到西雅圖之後就尋思要在湖與海的介面處建造一座水壩，靠水壩上的閘門調節海水與湖水的落差，保持湖面水位不變，這樣，不但避免海水倒灌，又可以使出入海口的船隻隨時自由進出，這對經濟發展是極其有利的。有了這個想法，齊先生很快付諸實踐，水閘終於在 1917 年建成。

如果故事僅到此為止，齊先生和歷史上任何一位聰明、能幹、將專業技能為民服務的工程師沒什麼兩樣，我也不會浪費筆墨去描寫一個對我來說無關痛癢的水閘。

當我來到水閘參觀的時候，看見巨型閘門的旁邊有一條激流中的通道，一級一級拾級而上的臺階，從海水這邊通到湖水那邊，一條一條的魚正藉著臺階一級一級往上跳，有的好不容易跳了幾級，被激流沖下來，遊進臺階旁邊的小水槽裏休息一會兒，再鼓足力氣，鍥而不捨地往上跳，最終從海水跳進湖水裏。這個奇觀引起我極大的興趣！

聽了講解才知道，那些魚是鮭魚（Salmon）。鮭魚，人們都認爲它是海魚，其實鮭魚真正的故鄉是淡水湖。它們出生在淡水湖裏，母親將它們產下之後，從此不吃不喝，慢慢死去，將自己的身體變成養分供給小魚們吸收、長大，當小鮭魚長得足夠強壯之後，它們會憑著靈敏的嗅覺，聞著海腥的氣味，離開淡水湖朝著海的方向搏擊。就象人，長大以後總要離開故鄉，去遙遠的地方闖蕩。當闖蕩了足夠時間的鮭魚在海裏生命成熟之後，原生地又在呼喚它們，在繁殖的季節，它們又要拼死拼活地回歸初始之地，在淡水裏產下新的一代，然後慢慢死去。也象人，到年老的時候，就想著葉落歸根。鮭魚的生命一代一代就這樣周而復始，生生不息。而誰能想到，水閘旁邊那條逆流而上的通道竟是當年的建築工程師爲鮭魚準備的回家之路！

一百多年前，建造水閘的齊先生心裏想：如果海水和湖水之間被一道人爲的閘門封死了，產卵的鮭魚怎麼回得了家？吃著母親的身體長大的下一代又如何游往大海去經受歷練？思考良久，他想出辦法來，在大水閘的旁邊，開出一條小通道，因爲水流湍急，齊先生在這條通道上造了無數的小臺階，小臺階旁邊有一個休息的小槽。齊先生想，當鮭魚跳上一級臺階之後，可能會累，累了的鮭魚可以停在小槽裏休息一會兒，不至於被激流沖走，休息好了，還可以接著再跳。就這樣，在現代文明建築的巨型水閘之旁，有了一條鮭魚返家的路。一百多年來，海水中每年都有成千上萬的鮭魚經過這條通道返回家園，安息在它們生命的最後歸宿。

我不知道鮭魚們懂不懂得感恩，我卻被這位上個世紀初的建築工程師柔軟的心腸深深感動，那個時候的人不會講"環保"這個字，他有的，只是一顆肉長的心。

✿ 夏日與雪山同在

寫了好幾篇西雅圖，總覺得沒完，好像還欠著一篇。看到好友 Tiger 對空間裏一張照片的評論："夏日與雪山同在，美！"忽然領悟，對，就是這篇，夏日與雪山同在！

去登那座雪山的時候，是西雅圖初夏的季節，空氣中的溫度已是夏天，但覆蓋了一個多天的白雪，依然茫茫一片。繞山的小徑被白雪遮蓋著，看不見道路，只有前面人留下的腳印爲後來者提供著前行的方向。

踏著這些腳印繞山而行，在這樣初融的積雪中走，常有滑腳的危險，每一步都要踩實了，才可以抬腿邁出下一步。這不僅考驗人的體能，也考驗你腳上的鞋子，我是來之前就有準備，穿了一雙特殊的登山涼鞋，所以走起來還算穩健。

走走，停停，看看一路的風景，除了山坡上的松樹綠蔭成片，地上始終是皚皚白雪，時間長了，眼睛有些疲倦，腿也有些發酸。正在身心疲憊之際，忽然看見不遠處的山坡上有一點不同的顏色，那是一小塊化了雪的黃土地，就是這麼一點點地方，竟開著一種白色的花，厚實凝重的花瓣，正是這高原雪地孕育的生命！我想起剛才在山下訪問者中心看見的資料，這

是在雪山上盛開得最早的一種花，我們叫它"白頭
翁"，其實就是高山上的雪蓮花。這時候才注意到，
其實山坡上只要有化雪的地方，都盛開著雪蓮花，只
因它的顏色融在雪地裏，不大容易分辨。山下的資料
告訴我，隨著雪蓮花的盛開，再過一個月，當積雪全
部消融之後，漫山遍野將是開不盡的花朵，看不完的
顏色！我無法想像，那麼多的品種，那麼多的色彩，
將綿延的山峰裝扮起來會是怎樣的一幅圖畫，光是看
圖片上那些巧奪天工的花的造型，我已經沉浸其中，
妙不可言！而這"白頭翁"，高山上的雪蓮花，竟是
報春的啼鳥，花季的先鋒！

　　望著這些在寒冷的雪地裏堅強隱忍的小花，心裏
忽然生出一股力量，生命中有時候很難，難到自己都
想要放棄，此刻這力量卻告誡自己，無論如何都要堅
持，堅持走完這條崎嶇的路，堅持登上山之巔，那時
候，可以拍下一張照，留住一個永恆的瞬間，你會爲
自己自豪！

　　懷著這樣的遐想，我終於登上山頂。站在高山之
巔，清風撫面，心裏的愉悅難以言表，望著對面的山
峰，依然高聳，忽然心念一動，它和我隔了多少的距
離，卻還是這樣近在咫尺！兩座山峰難道也有相通的
靈？竟是這樣心有靈犀，天涯若比鄰！

　　再想想這夏日中的雪山，多麼不可思議的美景！
看到夏日，人們想到的是酷暑炎炎，看到雪山，又給

人冰天凍地的聯想，這兩個風景是那麼矛盾，那麼不相容和，然而造物主卻將兩個極端不同的景致配在了一處，配得那麼精彩，那麼和諧。

我忽然明白了，什麼叫作"時空的超越"，夏日與雪山同在，正是一種超越時空的美啊！人間某些情境也是超越時空的，雖然並不多見，遇見了，就是上帝賜給你的禮物，悉心珍愛吧，在超越的意境裏，不求被它擁有一世，只求用心愛它一生！這也是一份孕育，經歷這個過程，生命裏的粗糙漸漸去掉，心的原野，將綻放最美的花季！

二月在上海

之一

這是在外灘邊，原英國駐滬總領館旁邊的草坪。看那三束盛開得燦爛的櫻花，各自裝在三個紅燈籠樣式的容器裏，在殘雪覆蓋的青草地上顯得非常醒目。

視線所觸，心裏惑然，遠遠就覺得那繁花間夾雜的綠葉翠得可疑，待走到近前仔細查看，果真是假的！

原來世上假的東西亦可以做得比真東西更加誘人，人間的虛情假意亦可以開放得比真情實意更加熱鬧。

我若是你的心儀，我只願你將我默默地藏在心底，不輕易出口，不輕易示人，只在星輝彌散的夜裏，輕喚我的名字，而我亦能在月色朦朧中接受到你來自天外的資訊，這份情彼此相安，生根落地。

不要給我繁花似錦，我只需一枝桃杏，一樹簡約的美麗，似水流年，相伴在你始終溫和的目光裏，不離不棄。

之二

小雪人

　　上海那場薄薄的雪，還來不及將鞋沿浸潤，就在細雨中融化。而外灘源的花牆邊，竟有人堆起了一個小小的雪人，在寒冷中輕笑著，像是告訴人們，上天再少的饋贈，都可以成為我們生命的祝福，都可以，在不經意間，給人一個全然的鼓勵。小雪人，你不久即將消融，而我卻有了一個故事，訴說你的一生！

之三

從繁華喧囂的大上海，一個多小時的車程，進入同裏古鎮，恍若倏忽間跌入一個無邊的夢境。

烏船水榭，柳絲堤岸，在煙雨迷濛中，哪一樣不牽扯人的情思，哪一樣不惹動人心底的暗瀾。

多年前，他落進她的視線，成為令她心動的風景，而他卻並沒有在意她的存在。後來她又落進他的風景裏，一直承受他溫柔目光的愛戀，可她並不知道所發生的一切。多年後，他倆有緣再次相遇，這算是重逢還是初見？

他說是重逢，或許就因為那道風景一刻也沒有離開過他的心間。而她說是初見，只因當年生澀的他已改換了容顏。

不管是重逢還是初見，這兩人今生的流年，都已有了一道重疊的風景線，這道風景裏不再只是或你或我的孑然，是兩棵生長的樹，在各自的地方，枝葉交融，根莖盤旋。

哦，或許這只是一個美麗的夢，有過這樣的美麗，這樣的夢，又何必為從前的錯過懊悔不已？又何必，為一個回不去的曾經作出悲情的沉迷！

同裏水鄉，煙雨朦朧，你這遺落在太湖邊的一顆明珠，緣何只這般沉醉夢中，深喚不醒！

有夢總比什麼都沒有好啊，現實太過殘酷，有時候，我們需要美麗的夢想來支撐，漫漫人生路，我們可以遙望著一同走完。

文化將在回憶中？

在福州市西湖公園附近的鬧市區，看見一家小小的書店，店門口貼了很多廣告，上寫：「圖書清倉稱斤賣」，「一斤15元」。

我走進書店，發現裏面好書真不少，有世界名著的中文翻譯作品，也有中英對照的作品，有許多中國古典文學著作，也有家居、理財、教育、烹飪等類圖書。我選了三本書：「莎士比亞悲劇集」、「莎士比亞喜劇集」、「希臘神話故事」，放在天平上稱斤的結果，28元人民幣！

走出書店，心裏不是滋味，這個城市，書店少得可憐，好不容易遇見一個小小的書亭，卻在論斤賣書！回頭再看一眼，書店的名字赫然醒目：「憶文書店」，”憶文”二字竟有驚心的效果！不知店主人是有意還是無意，為他的書店起名時是否在作一個預言：哪一天，文化這個東西真就只成為我們民族遙遠的回憶？

出了憶文書店，在十字街口又看見一幅圖畫。一個大學生模樣的年輕人，手握麥克風，正在唱一首齊秦的歌：「外面的世界很精彩，外面的世界很無奈。。。」兩個品質低劣的小擴音器，將他原本就蒼涼的歌聲傳達得悲情四溢。

年輕人腳前放著一張寫滿字的白紙，用四塊小石頭壓在四個角上。白紙上寫著：「獻藝求學」

「我是一名農村學子，父母親都是樸實的農民，家裏僅靠幾畝地給養。從小父母為了讓我走出大山，而把我送進學校。走進高校學習也是我從小最大的夢想。一心默默努力，父母為錢傾盡所有。夢想離我那麼近，又是那麼遙遠，就在我即將走進高校，向人生舞臺去實現夢想的時候，卻因高額的學費而成了我無法跨越的絆腳石。為了實現夢想，為了改變人生，我走到陌生的城市，用歌聲續寫我餘下的夢。望您的支持和理解，助我實現兒時的夢想。」

這其實是一封乞討信。一個大學生要靠乞討來完成學業，這個國家的教育已到了怎樣窘迫的地步！

✿ 匪夷所思的紀念碑

奧斯丁是德克薩斯州的州政府所在地，羅馬式的圓頂建築就是州府的標記。這裏雖是政府部門，卻一周七天開放給旅遊者參觀，門口沒有崗哨，也沒有持槍核彈的警衛，只有一個安檢設施。

進入政府大樓之前，要經過一片綠樹成蔭的廣場，廣場上一個紀念碑吸引了我的注意力。這個紀念碑是爲了紀念美國南北戰爭中的南方陣亡者，上面一行大字寫著：

「紀念爲憲法所保障的州權戰鬥至死的英雄」

下面一段小字寫著：「南方人民受1776年獨立精神鼓舞，在1861年從聯邦退出，北方訴諸武力和威脅，南方雖然面對絕對劣勢和資源匱乏，仍然堅持戰鬥到最後彈盡糧絕。戰爭共經歷2257次戰役，南方參軍人員80萬，北方259萬零183人，所有陣亡者，南方43萬7千人，北方48萬5千2百16人。」

最後一行小字寫：

「紀念1861-1865 南方陣亡者」。

對於一個習慣了"成者爲王敗者爲寇"思維方式的人來說，這是一個匪夷所思的紀念碑。美國歷史上的南北戰爭，不是北方是贏家嗎？獲得戰爭全然勝利的北方為敵人豎立紀念碑？就好像當年共產黨打贏了國民黨，執掌了中國的政權，共產黨在政府大院裏立起一座紀念國民黨陣亡將士的紀念碑，這在我們的文化裏是不可思議的事情。不僅如此，當年在美國內戰結束的時候，南方以失敗告終，北方沒有趕盡殺絕，也沒有建立任何俘虜集中營，他們給所有投降的南方士兵發放路費，送他們解甲歸家。即使是對待李將軍，這位在各種戰役中屢次打敗北軍的南方最高將領——那可是欠了北方無數血債的，苦大仇深的敵人吶！在他簽署投降書之後，也得到了作為軍人的最高尊敬，他的手槍依然還給他，北方將領向他脫帽致敬，他騎著高頭大馬，極有尊嚴地離開。

面對這樣的圖景，一個在仇恨文化中長大的人會受到深深的震撼，因為在仇恨文化中，失敗者不僅成為階下囚，在勝利者眼中，他甚至連牲畜都不如，可以任人宰割。

是什麼，使這樣一場血腥的戰爭結束在寬容、饒恕和尊嚴之中？是什麼，使執政政府在贏得戰爭勝利這麼多年之後，仍然將敵對陣亡士兵的紀念碑高高豎立在政府大樓前，讓人們永遠紀念？

這是一個在上帝面前人人平等的文化，雖然在沒有其他方式解決矛盾的情況下他們選擇了戰爭，但戰爭的勝負並不是他們決定人等次高低的手段，打仗的

時候，他們雙方都崇尚舊時代的騎士精神，爲崇高的
理念致死奮戰，戰爭結束後，他們又成爲普通人，而
普通人的概念就是在上帝面前完全平等的人，誰也沒
法剝奪他人的這個權利。這就是爲什麼紀念碑上會有
那一行醒目的大字："紀念爲憲法所保障的州權戰鬥
至死的英雄"。勝利者仍然稱那些失敗者爲英雄！

❀ 　德克薩斯州州府的兩院

在奧斯丁的州府，我參觀了參議院會議廳和眾議院會議廳，會議廳正前方的主席臺上，都刻著一行金色大字：「In God We Trust（我們信靠上帝）」。這句話在美元的紙幣和硬幣上同樣都有。聖經裏的上帝是美國的立國根基，這就是爲什麼每一任總統就職時，都要手按聖經向上帝宣誓。不管現在的總統是否只把這件事當作代代傳承的形式來走過場，至少在美國歷史上，這是一個充滿敬虔的神聖事件。

在這兩間會議廳的牆上，都有一個掛照片的鏡框，鏡框裏排列的是現任參議員和眾議員的頭像，十分有趣的是，在這些頭像中間，你會看到一些剛出生不久的小嬰兒和一些兒童的頭像，經講解員講解才知道，那些孩子是這些參議員和眾議員的孫子孫女！他們想表達什麼？是體現一種人性的溫情？還是在自我提醒，無論做什麼樣的決策，必須爲後代著想？

更有意思的是，這樣赫赫有名的德州州政府參議院和眾議院，居然所有議員都是半工，他們兩年才開一次議會，歷時140天，也就是說，州政府這兩個議會廳，兩年才開用一次，其他時間僅供遊人參觀。而這些議員們，不開議會的時候，各在自己的生活圈子裏，或者經商，或者務農，或者經營油井，各幹各的事業，各過各的日子，和普通老百姓沒有兩樣，他們本來就是從老百姓中間選出來的！

軍官的最後指令

在德州政府大樓前的廣場上，豎立著另一尊雕像，那是一位騎在馬上的南方將領。雕像一側的石碑上， 刻著一段文字，這是南方軍隊投降之後，部隊即將解散，一位田納西州的將領向部下發出的最後一道指令，這指令是一封告別信。這位將領名叫「Joseph Wheeler」，石碑上這段文字的題目叫做「最後的命令（Last Order）」。

" 勇敢的戰友們，仗打完了，你們的任務已經完成。在這四年的浴血奮戰中，你們參與了超過一千次的戰役，是其中兩百多場戰役的勝利者，在這些戰役中，你們展示了勇氣和遠見。你們是英雄，是榮譽軍人和愛國者！在肯塔基、田納西、北卡、南卡、佐治亞、阿拉巴馬和密西西比的戰場上，遍佈著你們戰友們的屍骨，你們盡了你們所能做的一切。我和我的同事們，對你們在戰鬥中的勇敢，在痛苦受難中的堅韌不舍，和對神聖事業的忠誠，表示深切的感謝！也希望在此表達我個人對你們的友好感情，表達我對你們深深的敬意！我也請求我們的天父為自由之名，祝福你們！我在此向你們告別！"

設身處地想想當時的情景，戰爭結束了，南方投降了，將士傷亡慘重，倖存者灰心喪氣，這位叫

Wheeler 的將領，他是在怎樣的心情中寫這封信的呢？短短的一封信，樸素的用詞，平和的語氣，處處透露出軍人的尊嚴，雖然是個失敗的將領，卻好像是成功地做完了一件事之後解甲歸田。這樣強大的精神力量是從哪里來的？

　　我自己被其中的一些詞深深打動：”英雄”、”榮譽軍人”、”愛國者”、”對神聖事業的忠誠”、”自由之名”、”天父”、”祝福”......如果說這世上有什麼東西能夠體現生命的價值，那絕不是結局的成敗，而是過程中崇高的精神追求。正因如此，南方為自由而戰的崇高精神，始終在美國歷史上引以為豪。

❦ 畢特摩大莊園

畢特摩大莊園

　　在北卡羅來納州的Asheville，有一個畢特摩大莊園（Biltmore Estate），是凡德畢特（Venderbilt）家族的私人領地，占地面積8千英畝，大約32平方公里。沒有身臨其境，你沒法想像這裏壯觀的美景。我是在2013年秋天到這裏來住了一星期，大片大片的原始森林，連接著阿帕拉契脈，秋光中，各類樹種呈現出的不同色彩，真像打翻了上帝手中的調色板，以前一直看別人在網上轉來轉去的美景圖，現在看看自己拍的照片，一點也不遜色！

　　畢特摩大莊園以畢特摩城堡（Biltmore House）

著稱，中文翻譯成＂城堡＂，因爲它的壯觀實在堪稱＂城堡＂，而英文只稱＂畢特摩屋子＂，當地人乾脆稱它＂那屋子（The House）＂，因爲主人造它只爲自己居住和招待朋友，而這一簡單的目的，絲毫沒有讓主人在建造過程中有一點馬虎，屋子從裏到外每一個細節的完成，都體現出主人的文化修養、藝術品位和金錢的富足。

城堡的建造者喬治.凡德畢特繼承了祖上的一大筆遺產，他旅行多處，終於在風景如畫的北卡州群山裏買下了這一大片山林，他請了兩位當時十分有名的建築設計師和園林設計師，共同承擔莊園設計工作，並於1889年開工建造，花了整整6年時間，完成了這項浩大工程。

城堡共有250個房間，其中33個臥室，43個衛生間，65個壁爐，3個大廚房，和一個室內游泳池。那時候游泳池並不普遍，室內加熱的游泳池更加難得，光是這個游泳池的設備在當時就是極其先進的技術了。

喬治從小就跟父親全世界旅行，一生中60多次穿越大西洋，也是藝術和書籍的收藏家，他最早收藏印象派繪畫，藏書有2萬3千多冊，包括全世界8種語言。他從全世界各國運回來的建築裝修材料，包括鍍金天花板，鑲嵌著瓦格納歌劇故事的浮雕壁爐，豪華精美的吊燈，整塊大理石雕琢而成的浴缸，15世紀的壁毯、油畫，用當時最先進的工藝織成的布料錦緞，我在他的書房裏還看見一個中國明代的大金魚缸。所有這些舶來品，使得這座城堡豪華奢侈，又充滿豐富的想像力和歷史文化藝術氣息！

也許有人會說：「畢特摩莊園是靠金錢和財富堆積而成，假如我也有那麼多錢，我也能造出這樣的城堡。」真的嗎？

喬治.凡德畢特不僅有錢，還有傳承的家教，不凡的閱歷，豐富的知識，卓越的藝術品味和鑒賞力，最重要的，他有謙卑而高貴的人品。

有一個故事：當年喬治先生經常在城堡裏宴請賓客，他的客人多半是旅行家、藝術家、哲學家和成功的上流社會成員。有一次，客人們都已在餐桌上就坐，等待傭人們送上食物。忽然哐當一聲響，一個傭人在地板上滑了一下，端著食物的銀盤子打翻在地，引起餐桌上的客人一陣騷動。喬治鎮定地站起來，走到完全不知所措的傭人身邊，仔細詢問她是否受傷，並幫她將打翻在地的食物一樣一樣撿起來。這之後，喬治每次遇到這位元傭人，都會站下來和她交談，詢問她的生活健康情況，多年以後，這位傭人回憶往事，仍然對喬治先生充滿感激。

在喬治先生的一間會客廳裏，懸掛著兩幅巨型肖像，一幅是城堡建築設計師的肖像，一幅是園林設計師的肖像，在莊園修建完畢之後，喬治特別請人為這兩位設計師畫像，並懸掛在重要的客廳裏，表達著他的敬意。這樣的平民思想以及對勞動者的尊重，是每個時代都應該提倡的。

並不是誰都可能那麼有錢，也不是有錢就能成就一切，所謂厚德載物當有它更深的涵義。

＂厚德載物＂一語出自《易經》，原文是：＂天行健，君子以自強不息。地勢坤，君子以厚德載物＂。指道德深厚的人能承載世上的一切，無論是好還是壞。當我們來審視凡德畢特家族富有後面更多的內容時，這一中國古老文明的智慧，可以為我們提供一個視角。

去畢特摩莊園參觀，你有機會瞭解到凡德畢特家族發跡的故事。凡德畢特這個姓氏，是美國最古老的幾個家族姓氏之一，早在17世紀，這個家族就從荷蘭移民美國，家族成員分散在紐約附近，一直都不過是漁民和農民，直到莊園建造者喬治的祖父科納裏歐，16歲時改變了家族的命運。

這位16歲的少年從母親那裏借貸了100美元，去紐約碼頭做船隻運輸生意，發了大財，後來又做鐵路運輸生意，更是獲得巨額紅利。但讓他真正變得有名的，是1873年他為田納西州的中央大學奉獻了100萬美金，開創了家族慈善傳統的先例，中央大學也因此改名爲凡德畢特大學。我始終不是很清楚，100萬美金，早在1873年是個什麼概念。

這位祖父，在他妻子53歲的時候，他擁有13個孩子，37個孫輩，27個重孫輩。他死的時候，留下1億美元的資產全部交給他的長子威廉。儘管威廉在他父親的眼裏是個不適合做生意的人，但最終他還是將家族遺產翻了倍。威廉也像他父親一樣慷慨捐獻，紐約的大都會歌劇院就是由他設立基金創建，另外， 哥倫比亞大學的醫學院最早也是由他創辦。

威廉生養了8個孩子，喬治是他最小的兒子，他繼承的遺產可能只是家族遺產的一部分，他用這筆遺產， 建造了一個可以流芳百世的大莊園，這也是另一個意義上的文化傳承。人們到這裏來參觀，看見的不僅是金錢與財富，更看見知識的保存，藝術的閃耀，文明的彙集。

我雖然沒有看見資料表明，喬治在其他事情上做過慈善捐獻，但他在保護文明方面卻做出過卓越貢獻。

珍珠港事件爆發之後，美國對日宣戰，美國政府怕日本的轟炸機會把目標指向首都華盛頓，於是，在一個月黑風高的夜晚，幾大個集裝箱的珍貴藝術品，從華盛頓藝術博物館悄悄開進了畢特摩山莊，工人們在午夜時分卸下集裝箱，將成千上萬件珍寶藏進了山莊裏一間隱秘的音樂室。直到二次大戰結束，那時喬治因急性闌尾炎已經過世，他的妻子將所有藝術品，完好無缺地還給政府，沒有要政府一分錢的儲存費。

　　從凡德畢特家族三代人的財富，我們看見三代人的＂厚德＂，除此之外，我們是否還能看見一個隱藏的事實：在一個合理的社會，人靠自己的聰明才智和勞動力賺取來的財富，是這人首先為社會做出了貢獻之後，社會對他的獎賞，這個概念，只有在一個公平競爭的社會環境裏，才能被人接受，不然，你賺取的財富很容易遭人懷疑，被人嫉妒。一個合理的社會，不但提供創造財富的目標，也提供獲取財富的合理方法，同樣也為財富的佔有者指出一條回饋社會的途徑。一個自由合理的社會，有法律保障人們掙錢，也有信仰鼓勵人們作慈善。他們之所以做得好，個人修養是因素，社會環境是關鍵。由此可見，「厚德載物」這個詞不僅可以應用於個人，同樣也可以應用於社會。一個合理的社會，是可以更多地承載世上的事物，不論是好還是壞。

威登堡的街

威登堡城中心青石板的街道

之一

　　那個冬日，一個人在威登堡的城中心閑閑地走，我驚訝於早晨8點鐘，這座德國東部的小城居然一個行人都沒有，人都去哪兒了呢？是不是因為天氣寒冷，又是週末，人們都願意懶在家裏，一家人相守著度過閒暇時光？

　　街道兩旁的建築，最高也就三層樓，一樓是店面，二、三層是住家，很多住家的窗臺上放著綠色植物或者開著那種只有冬天才有的清清淡淡的小花。而最讓我心動的，是每個窗戶上都掛著一種雖然形狀各異，卻都一樣精緻的白色鏤花窗簾，那種屬於往昔年代，滿溢著舊時溫馨回憶的白窗簾，早就在我的生活中消失了，這個寂寥的冬日的早晨，在德國東部這個完全陌生的城市，與這白色窗簾穆然相遇，竟有一份久違的感慨！

　　街道上真的很冷清，不遠處傳來淙淙的流水聲。沿著水聲尋去，我看見在靠近市政大樓的街道上，有一條暴露於地表的下水道，有兩尺多深，用青石板砌成一條很整齊的水溝，水在裏面淙淙地流，上面有防護欄圍著，行人不會因失腳而掉進水溝，而兩尺多的深度足以承載任何暴雨的侵襲，再大的降雨量也不會將城市淹沒。然而，最令我驚異的是，那下水道的水竟然清澈見底，且是暢通無阻地流淌，像是連著活水的河流。這哪里像城市下水道裏的水啊？你要說它是山間清流也不為過！

　　站在這條水溝邊，我竟呆了半晌，一個能把下水道裏的水弄得如此乾淨的城市會住著一群怎樣的居民？這座城市少說也有超過500年的歷史，因為馬丁.路德1517年的時候，就在這條街上的一家修道院大學裏任教。而這條街道兩旁的房屋，隨便指一棟都可能逾越百年，那麼，這條下水道也該有幾百年的歷史了

吧？或者青石板是後來砌上去的，但那條溝的雛形應
該是早已有之，這個城裏的居民必定早就知道，城市
的建設，除了要考慮地表以上的高樓大廈，地表以下
的排水排汙設施也是很重要的。這個城市沒有高樓大
廈，大概也很少有拆了建，建了拆的政策，似水流
年，一代一代人活在街兩旁的矮樓裏，活在這白色窗
簾的後面，若沒有人爲的戰爭，或者意外的天災，他
們就日復一日地安居樂業著，聆聽淙淙的水聲，持守
靜靜的時光。

雖然我十分盼望能結識這個城裏的居民，但那天
早晨，我真的一個人也沒碰到，只有這條樸實無華的
青石板街道，從遠處延伸至我的腳前，仁慈安詳地迎
接著我；只有空氣中彌漫的恬然靜謐，向我昭示著一
種仿佛從天堂而來的安寧。

之二

威登堡的街道冷冷清清，我能聽到自己踏在青石
板上的腳步聲，這聲響忽然給我一種異樣的感覺，不
知500年前馬丁.路德在這條街上往返徘徊的時候，能
不能聽見自己的腳步聲？或許那時候的馬丁·路德，
根本無意於去聽別的任何聲音，他正一門心思地傾聽
上帝的聲音。

馬丁路德出生在15世紀末，那是一個教皇有著最

高權力的年代。當時的教皇列奧十世爲了籌集建造教堂的資金，在德國濫售"贖罪券"，有罪的人只要買了贖罪券，就不必再爲他們的罪擔心，仿佛上帝饒恕人的罪是根據你購買贖罪券的多少，買得越多，罪就被饒恕得越徹底。當時的聖經全都是用拉丁文寫成，且控制在神父手中，普通德國信徒是沒有資格也讀不懂聖經的，他們根本無法分辯教皇的作法是否符合聖經真理。

作爲修士、威登堡大學神學教授以及聖馬麗亞教堂主教的馬丁.路德，花了大量時間仔細研讀聖經，終於發現了一個石破天驚的道理，那就是羅馬書裏的「因信稱義」。原來罪得赦免並不是靠罪人積功德、行善事，更不是靠購買大量贖罪券，而是上帝自己道成肉身來到世上，爲罪人獻上了贖罪祭，耶穌就是這位道成肉身的上帝，凡是真誠地在上帝面前承認自己是罪人，相信並接受耶穌爲他個人的救主，罪就得赦，在上帝眼裏這人不再是罪人，而成爲義人，得享與上帝同在的永恆生命。同時他還從聖經中明白了，人通過真誠的祈禱可以直接與上帝溝通，不需要通過神父才能向上帝忏悔。

這些發現，使馬丁.路德如夢醒，那些日子，他每天徘徊在威登堡的街道上醞釀思考，街的一頭，是他任教的修道院大學，另一頭是城堡教堂，他在無數次來回往返的過程中，終於將宗教改革95條綱領成竹在胸。1517年的某一天，他將這95條抄寫並張貼在城堡教堂的木質大門上。如今你到城堡教堂參觀，木質大門已變成了青銅材料，門上有無數密密麻麻的小字，那就是根據原文樣式鑄印上去的95條鋼領。從此以後，宗教改革運動席捲歐洲。

馬丁.路德提出的宗教改革95條，向當時的教皇權威提出極大挑戰，一場激烈的辯論會就在萊比錫的聖尼古拉教堂展開，辯論的結果，教皇判定馬丁.路德宣揚異端邪說，將他逐出教會，並要他收回95條，遭到馬丁.路德的拒絕，教皇要對他施行法律制裁，那時候，異端邪說罪是要被燒死的。

在一個月黑風高之夜，路德的好朋友薩克森王儲將他從聖尼古拉教堂救出，安置他在郊外的一個秘密城堡裏，路德在那裏將新約聖經從拉丁文翻譯成了德文。從此所有的德語信徒都可以直接閱讀聖經。

歷史上總有一些先驅者，他們不惜冒著生命危險站在真理的一邊，然而個人是何等有限，在強大的反對勢力面前，誰又能百分之百地確信自己堅持的就是真理呢？若不是他明確知道這是由上帝來的啓示，且上帝自己加給他持守真理的信心和力量，大概沒有人能夠堅持到底。而當我們在爲歷史上堅持真理的偉人讚歎喝彩的時候，是否想到他背後的上帝？縱觀歐洲歷史，任何一場思想文化的改革和啓蒙似乎都跟上帝有關，不是人拋棄上帝，就是人回歸上帝，在這個過程中，人也經歷著各種各樣的罹難變遷，而上帝始終是一隻看不見的手，干預著人類，扶持著人類。

　　走在威登堡清冷的街道上，我深深感覺這個城市是有福的，它的文化，它的歷史，都與上帝有著如此緊密的關係，我忽然明白了，那空氣中彌漫著的仿佛來自天堂的安寧，也是一種文化歷史的積澱，當人能夠按照上帝的真理活在地上的時候，這地上也有如天堂！

聖尼古拉教堂與 1989

聖尼古拉教堂的棕櫚樹巨柱

到達萊比錫的第一天,我就抽空去參觀了聖尼古拉大教堂。

教堂座落在聖尼古拉大街上,從建築的西面看,依舊可見其最初的羅馬式建築風格,在16世紀初,它被陸續擴建成一座有著哥特晚期風格的廳堂式教堂,500年過去了,它的外觀一直保留至今。

儘管教堂外觀在翻修時使用砂岩材料，故意給人古老殘舊的印象，但教堂內部的裝修卻令人著迷，天花板，樓臺和長椅的華麗裝飾及牆上的精美圖案叫人流連忘返，尤其是棕櫚樹造型巨柱的設計，給人留下難以忘懷的深刻印象。

歷史上，這座教堂還有一個閃光點，就是偉大的音樂家巴赫曾於1723年至1750年作爲唱詩班的管風琴演奏者和指揮，活躍在這裏整整27年。巴赫是一位虔心敬拜上帝的作曲家，他的作品無一例外地都是聖殿音樂，他用音樂來表達對上帝的敬拜讚美。巴赫的著名代表作「耶穌受難曲」和「耶誕節神劇」都是最早在聖尼古拉教堂首演的。

你只要看一眼教堂祭壇正對著的後牆上的管風琴，你就不難想像當年的敬拜音樂是何等輝煌。那一排壯麗的管風琴，堪稱浪漫主義時期管風琴工藝的傑出代表，尤其是今天，經過全面修復，管風琴共有103個手栓，6804個哨音，和5層手鍵，試想一下，當管風琴的音樂在聖尼古拉教堂轟然迴響，那氣氛是何等神聖莊嚴！

還記得嗎？聖尼古拉教堂，就是1517年教皇準備燒死馬丁.路德的地方。這座本來要燒死馬丁.路德的天主教堂，在宗教改革運動席捲萊比錫的時候，開始用作于新教徒的禮拜，人們可以在這裏自由地閱讀聖經，直接地向上帝祈禱和懺悔，這一500年前的革新運動，仿佛爲聖尼古拉教堂注入了一種新的基因，以至於在20世紀末的1989年，東歐共產陣營瓦解，最初就是從這個教堂的"和平祈禱"運動開始的。

八十年代初，德國還分西德和東德。在聯邦德國（西德）的人民舉行大規模示威遊行抵制軍備競賽時，民主德國（東德）也正在不斷地擴充軍備。來自萊比錫東部的一個青年社團發起了每週一次的和平祈禱活動，就這樣，每週一晚五點的"和平祈禱"活動固定延續了下來。那時民主德國的政府已經公開不再尊重人權，民眾的抗議示威活動經常出現，這些抗議的民眾除了在教堂聚會和交流外，也沒有其他活動的地點，因此政府將教堂的和平祈禱定性爲非法集會，每個星期一，員警都會把尼古拉教堂團團圍住，戒備森嚴，很多人因此而被捕。

1989年，是馬丁·路德宗教改革運動席捲萊比錫的450周年，又是人民大會戰在萊比錫發生後的176個年頭，歷史再次選擇了萊比錫。

5月8日，尼古拉教堂的主要通道被員警封鎖，不久後通往萊比錫的主要道路和高速公路也開始被檢查，政府當局不斷對教堂施加壓力，企圖終止和平祈禱活動。雖然每週一總有人因爲和平祈禱而被捕，可還是有越來越多的人湧向教堂參加和平祈禱，教堂裏的2000個座位已經遠遠不夠用。直到10月7日，那天是民主德國建國40周年，萊比錫人民永遠忘不了這恐怖的一天！

那是怎樣一個暴力的場景！城裏四處可見持槍核彈的士兵、防暴員警和便衣員警，他們連續10小時毆打毫無防範，也沒有能力抵抗的民眾，並用貨車把他們運走，他們中的上百人被圈在馬棚裏。同時，官方報紙出現相應的威脅文章：「終於，反革命必須被終止的時間到了，在需要的情況下，適當的武力是必要的！」

然而，武力鎮壓並沒有嚇倒萊比錫人民，10月9日，又有2000多人聚集到了教堂裏。這天，牧師在講臺上開始講上帝的福音，講耶穌的愛，管風琴裏奏出的聖樂充滿感動人心的力量，有人朗讀了支持和平非暴力的號召。"和平祈禱"活動就是在這樣寧靜、聖潔的氣氛下進行著。那個場景令人終生難忘，教堂裏有2000多人，教堂外的廣場上還聚集著上萬人，他們每人手中拿著的不是石頭或棍棒，而是捧著一根小小的蠟燭，一手持燭，一手小心翼翼的用手掌護著燭光，那成千上萬的和平非暴力的星星之火，點燃起人心中的良知，動搖著人心裏的惡念。終於，奇跡出現了！執行鎮壓的人員面對這神聖的燭光，不再敢採取暴力手段，軍隊、防暴組和員警自動撤離，幾周以後，柏林牆倒塌，民主德國的獨裁政權徹底瓦解。

寫到這裏，一系列很糾結的問題出現在我的腦海裏：1989年，萊比錫的軍隊和員警，面對手無寸鐵，和平抗議的民眾，居然會有良心發現，他們究竟怕什麼？武器不是在他們手上嗎？他們把這些人都殺死，這些人又能怎樣？鎮壓這些反對者，不是更利於國家穩定嗎？他們的獨裁統治不是能夠繼續維持下去嗎？而鎮壓過了之後，他們可以完全抹去歷史，再也不提發生過的事，兩代之後，這場血腥在人們頭腦裏就不留任何痕跡了。然而他們沒能這樣做，他們怕什麼？

我想，一個多多少少認識上帝的民族，多多少少都會有敬畏上帝的心，生命是上帝賜予每一個人的，任何人不得以任何方式流無辜者的血，這是上帝的法則。當教堂裏的聖樂和燭光，在萊比錫"和平祈禱"活動中呈現的時候，所有人敬畏上帝的心都被喚醒，不光是軍隊員警放下了武器，先後上百萬人聚集過的市中心街道上，竟沒有一塊被打碎的櫥窗玻璃，這是怎樣一種不可思議的神奇力量！這只能解釋爲：它來自上帝的福音，來自耶穌的愛！

站在聖尼古拉教堂的大門前，我再一次感受到心靈的震撼，萊比錫的1989年，及至後來整個東歐共產陣營的瓦解，都昭示一個道理：許多問題的解決，不一定要通過軍隊和政權，而是通過人們對上帝的信念！認識上帝的人有福了！敬畏上帝的民族有福了！！按照上帝的法則而行的國家，有福了！！！

雪地金花__維也納之行散記

之一、兩個洗手間

去維也納金色大廳參加元宵節演唱會終於能夠成行，我們這一組一行 14 人從達拉斯出發，第一站前往巴黎。

法國給我們留下的第一深刻印象竟然是從戴高樂機場行李提取處的洗手間開始。

如果不是牆上有字，說明那是洗手間，你要以為那是某個藝術館的入口，或者某個時裝店的大門，都不為過。看女生洗手間，進門正中間是一面大玻璃鏡子，鏡子右邊是一個模特兒衣架，掛著一條時髦的晚禮服，左邊牆上是一幅芭蕾舞蹈演員的油畫，這幅油畫極其醒目，以致於人們對油畫下面的洗手池居然要視而不見了。不論是禮服、油畫，還是整個房間的壁紙都是用粉色和粉紫色裝飾而成，好一個妖嬈亮麗的去處！洗手間真正發揮功用的地方卻是隱在大鏡子的後面，藏起來看不見了。

女生洗手間如此，男生洗手間想必一樣有趣。我請隨行的一位男士幫忙，拍下了男洗手間的照片。格局很相似，中間也是一面大鏡子，右邊的模特兒衣架上套著一件漂亮的西服，左邊牆上那幅油畫竟然是法國國王路易十四的肖像！和這幅肖像神態一模一樣的另一幅油畫在凡爾賽宮裏珍藏著，那一幅可是金碧輝煌的顏色，展現著法國最鼎盛時期國王不可一世的驕傲和氣派。而這間男生洗手間，整個色調是藍色和藍紫色，路易十四的畫像也是用這兩種顏色畫成，實在有些不倫不類，充滿戲謔調侃。

回想我從雨果和巴爾扎克的小說裏得出的對法國人的印象，他們的浪漫、隨性，甚至玩世不恭的性情都在這個洗手間文化裏有所呈現。

然而，巴黎不愧爲藝術之都，巴黎人對藝術的追求無所不見，他們不僅有歷史上文藝復興時期留下來的燦爛文化藝術遺產，就是在今天這個摩登時代，巴黎也是現代油畫和時裝藝術的典範城市。而這間戴高樂機場的洗手間，無疑爲巴黎的藝術名聲起了很好的加強作用，以致於象我們這些外來遊客一開始就要對法國人身上的藝術氣息充滿由衷讚歎了。

相對於充滿浪漫藝術氣息的法國人，德國人在這方面就顯得呆板和實際得多。幾天以後，我們在一家德國旅店入住，那裏的洗手間也很有特色。門上沒有標明男女，而是畫了兩個幾乎一模一樣的卡通小人，一個小人腦子裏想的是 "football"，另一個小人腦子裏想的是 "shopping"，有了這個區別，我想無論什麼人都不可能推錯門了。再仔細看時，那兩個卡通小人也還是有一點細微差別，那就是：想著

"football"的那個小人肚臍部位畫著個立起來的長方形；而想著"shopping"的小人肚臍上畫著一個圓。也只有嚴謹老實，完全不懂含蓄的德國人會想出這樣的洗手間標記，真叫人忍俊不禁。

然而，值得一提的是，法國和德國的社會風氣迥然不同。在巴黎，我們一團人就有三個遇上扒手，其他兩個損失慘重，謝敏警惕性還算高，及時發現端倪，趕緊護住手提包，狠狠瞪了扒手一眼。那個膚色黝黑的年輕人看見事情敗露，竟然若無其事地環顧左右，揚長而去。我們的姑娘將這事告訴大家，有人說為什麼不給他一個耳光？美麗的姑娘狠狠瞪他，他不要以為是對他放電呢！

據說德國是路不拾遺的國家，德國人的誠實我倒有體會。在一家小店裏買小禮物，跟店主討價，他拒絕。問他做生意從來不討價嗎？他回答說："從來不！"我看見一雙小孩的露指手套，很可愛，想著給小女兒買。手套標價是 8 塊歐元，我拿出 10 塊歐元給他，他找回我 5 塊，我拿著找回的錢一臉疑惑，指著標價給他看，他說："這雙手套在打折，只要 5 塊！"

法國和德國如此相近，但兩國人的性情卻大相徑庭，追溯起來一定有他的歷史原因，知道的朋友不妨發表高見。

之二、兩座宮殿

到達巴黎的當天，導遊就安排我們去參觀巴黎遠郊的凡爾賽宮，第二天又去流覽了位於巴黎城中心的盧浮宮。這兩座宮殿在歷史上雖然都是國王的寢宮，但風格和品味卻有很大不同。

去過凡爾賽宮的人，會被它的氣勢磅礴和華麗奢靡所震撼，這正是當年法國國王路易十四造凡爾賽宮時的心態。

凡爾賽宮最早是國王路易十三時候狩獵的寢宮，當時只是一座僅有 26 個房間的兩層樓房。到了路易十四時代，有一天，路易十四的財政大臣邀請國王參加他在巴黎郊外建的一座行宮的落成儀式，路易十四欣然前往。然而，到了那裏，一看這座郊外行宮，不得了，那個豪華氣派，遠超過皇家的任何一座宮殿。路易十四勃然大怒，立即以貪污罪將財政大臣逮捕，關進了巴士底監獄，並將這座行宮的設計師和建築師一併收歸己有，要為自己造一座前所未有的宮殿。經過多方考量和研究設計，座落在凡爾賽的這座狩獵寢宮被選為建造新宮殿的原址。

從歷史上瞭解路易十四的生平和個性，你對他的做法一點都不會感覺驚訝，這是一個法國歷史上最強勢的國王，在他統治的年代，法國政治、經濟、國力等各方面都達到鼎盛，他也將一切權力獨攬在手，全面施行獨裁專政，以致於從他開始，法國進入一個氣鍋高壓狀態，直至路易十六時代，終於引發民眾暴亂，法國大革命結束了路易王朝。

　　凡爾賽宮就是路易十四顯赫一時的傑作，他一揮而就建造的這座巨型宮殿，其氣勢磅礴顯示著他的不可一世，其華麗奢靡更是他炫耀財富的心態。當時修建凡爾賽宮的時候，自然是找了全國一流的藝術家來繪那些彩色壁畫，然而國王沒有給這些藝術家足夠的時間，以致於那些天花板上的壁畫，牆上的油畫肖像，多多少少都給人一種倉促匆忙的感覺，而整個凡爾賽宮在金碧輝煌的外表之下，還是透著一絲掩飾不住的豔俗之氣。

　　相比之下，盧浮宮的端莊典雅、恢弘大氣則是不可同日而語。盧浮宮早在 12 世紀末就由法王奧古斯都下令修建，經歷好幾個世紀，不斷整修完善，直到拿破崙時代，進行大規模的擴建，完成了盧浮宮的建築群。細看盧浮宮的建築藝術，你會被藝術家那種雍容超凡，氣定神閑的心境所打動，每一個細部的完成，都體現著藝術家精雕細琢的耐心，這就是為什麼盧浮宮的天花板絕不象凡爾賽宮那樣，都是"速成"的彩繪，而是一幅一幅經得起時間考驗的浮雕，每一幅浮雕都凝結著藝術家的才氣和生命。

　　然而，這樣一個無以倫比的宮殿在歷史上也幾次險遭劫難，當年國王路易十四就曾想把它全部拆毀，後來巴黎公社暴民起義，一把大火又險些把它燒掉。冥冥之中當是有上蒼的保守看顧，盧浮宮至今依然完好如初。

今天的盧浮宮已經成為世界最大的"盧浮宮博物館"，擁有世界著名的藝術收藏達到 3.5 萬件。每天這裏都有成千上萬愛好藝術的人們流連忘返，欣賞著每一件展出的藝術珍品。不過，很多人的心思整個被展品吸引去了，竟然忽略了好好領略一下宮殿本身的美，實在有些可惜。

之三、什麼什麼老公什麼什麼崽

在巴黎，我們和前面來的幾組人馬會合，人數很快就超過了 30 個。這麼多人乘著大巴，在當地導遊帶領下，浩浩蕩蕩向各個旅遊景點進發。這一路，我們穿越的國家有法國、比利時、盧森堡、德國、瑞士、列支敦士登和奧地利，本來長途巴士旅行，很多時候是很沉悶的，大部分人都會在疲勞中睡覺。但我們這一路卻是歡聲不斷，笑語連連。

在前往斯圖加特的路上，為了活躍氣氛，導遊讓大家用各自的方言講一句驚歎語，於是很多人開始響應號召，用家鄉話表達驚歎，那個五花八門，實在好笑。

笑完了，廣東人鄭玉軒說，她來給大家講了一句地道的廣東話，讓大家猜是什麼意思，接著"舦舦咚咚"講了一句廣東話。不懂廣東話的人當然都是根據發音聽起來象什麼來猜測意思的。

宋小麗猜："三個老公三個崽。"

房小文猜："三床老公三床崽。"

李醫生猜："上床老公生個賊。"

楊虹猜："生錯老公生錯崽。"

老高不知插了句什麼話，馬上引火焚身，被人猜："上床老高生個崽。"

又有人說："三床老高三床崽。"

還有人說："三床老高還是生錯崽。"

這下可熱鬧了，大家你一言我一句，都沖老高開炮，笑鬧聲一片。

我很佩服老高，管你怎麼開他玩笑，他肚子裏都能撐下一條船，男人開得起玩笑就是一條好漢！我最欣賞的還是陳莉，不論人們說什麼，她總是一言不發，脈脈含笑地望著大家，又時不時看一眼自己的丈夫，目光中露出景仰。這才是真女人！怪不得老高牛起來的時候還真牛！

最後鄭玉軒說：“錯了，錯了，你們都猜錯了！什麼老公崽的，我講的是‘生菜老姜小菜苗’！”

原來廣東人稱嫩嫩的小菜苗叫“菜崽”，難怪聽起來象“什麼什麼老公什麼什麼崽”，也難怪最後把老高也牽扯進來，誰叫“老高”和“老公”就差一個輔音呢？

笑夠了想想，語言真是個很奇妙的東西，當人們用不同語言交流，而雙方又完全不懂對方意思的時候，那真是雞同鴨講，誤會百出。即便是同一種語言，當人處在自己獨特的思維定勢中也完全不能領會對方的意思。

我祖籍是浙江義烏人，小時候聽過外婆講一個笑話：一位爺爺完全沉浸在自家老母豬要生小豬的興奮裏，因此孫女對他說：“爺爺，落雪花了。”

爺爺卻聽成：“啊，生小豬了！”

孫女說：“爺爺耳朵聾！”

爺爺說：“哦，七個雌八個雄。”

“落雪花”和“生小豬”在浙江義烏一帶的方言中發音十分相似，也難怪爺爺會聽錯，但爺爺聽錯話的根本原因還是他有了一個預設的思維定勢。

當我們在和人交流的時候，千萬不要有預設的思維定勢，否則就很可能把自己的觀點強加給別人，也很可能把別人話裏的意思完全聽錯，因而造成不必要的人際糾紛。

說說笑笑的時候，明知不是那個意思故意說錯，是爲了逗趣好玩，但在實際的人際交往中，學會傾聽，不隨便曲解人意，又是何等重要的一門學問！

之四、哥哥找妹淚花流

神州合唱團是一個生命力旺盛的團體，這一路上，激情歌聲此起彼伏，開心玩笑無處不在，尤其是團員們之間彼此關愛的友情更是令人感動。這裏不妨講一個"哥哥找妹淚花流"的故事。

在斯圖加特城中心，有一段自由活動的時間。已過了下午六點，大家在指定的街口集合，準備去吃晚餐。此時發現少了小麗和祖薇。室外攝氏零下十度，冷風颼颼，雪花飄飄，若大家都在街口等，人人都會凍成冰棍。

此時，曉暉當機立斷，對導遊說："你帶大夥兒去吃飯，我去找他們！"這就是曉暉，他總是在關鍵時刻挺身而出。

導遊同意了這個方案，帶領大夥兒往餐廳方向走。老邵留下來說："我站在去餐廳這個路口等，免得他們錯 過。"接著，老戴也留下來和老邵一道。

小文跟我們走了一段，又不放心，說："不行，曉暉不知道餐廳在哪兒，到時候怎麼找我們呢？導遊，請你把餐廳名字告訴我，我回去跟他說。"

那天晚上，男生們都分頭出去找人，小文等幾個女生也在戶外奔波，其他人在餐廳裏耐心等待，沒有人發一句怨言。

七點多鐘，人終於都回來了，每個人臉蛋凍得紅朴樸，眼淚鼻涕直流，大家看見好感動，趕忙讓座倒茶。曉暉坐我們這一桌，我們慰問他的辛苦，曉暉說："誰讓她是我家妹子呢？"

原來宋小麗、宋曉暉名字諧音，早已被人當作兄妹，《小花》裏妹妹找哥的故事在我們這裏變成"哥哥找妹淚花流"了。

之五、嫂子頌

小麗和祖薇脫離了大部隊，大家起哄要罰她們錢。謝敏站起來說："看在小麗今天白天一路領我們練歌的份上，就饒了她們吧？"

小麗充滿感激地說：“還是我的嫂子疼我！”

宋曉暉是宋小麗的哥，謝敏自然就成了嫂子宋，有人從歌本裏找出一首歌，就叫《嫂子頌》，小麗大聲朗誦給大家聽，歌詞有些奇怪，那位嫂子是“黑黑的小手，大大的腳板”，唱歌人對嫂子的感情也有些曖昧，很不符合我們的現況。李醫生說我們這位嫂子是“白白的小手，美美的腿腳”，“充滿靈秀”，建議修改歌詞。大家馬上提議把這一重任交給李醫生去完成。

李醫生是個認真的人，我聽到她下車後，在參觀旅遊景點時還在琢磨著歌詞。不知後來情況怎樣，若新《嫂子頌》歌詞填好，請李醫生發給大家，將平添許多樂趣。

李醫生還提到另一位“嫂子”房小文，說她忙前忙後，一路上不知費了多少心血，也該好好頌唱頌唱。雖然小文不願擔“嫂子”的名號，但老孫的大哥形象早在團員們的心目中樹立起來，小文不想擔“嫂子”的名分也罷，因爲她的付出和辛苦早已有目共睹。一個團體若沒有幾個象她這樣的熱心人，要想活動辦成也難。

我是個新來者，從旁觀察，我發現神州合唱團裏的熱心人比別的團體要來的多，從最早路平不停地給大家發郵件，報告事情進展情況；小文花大量時間多方聯絡各種細節；到成行之後謝敏不止一次地召集大家練唱；海晨爲新來的人操心服裝、帽子、項鏈；小麗也中途挺身而出，發揮自己的專業知識，教大家正確的發聲方法和共鳴位置；還有一路上曉暉、老孫、老邵、老高等幾位男士前前後後照顧著女士，不是幫著搬行李，就是幫著照相，還常常提醒大家注意安全；出了任何狀況，都是他們忙前忙後地處理。這些是我所看見的，還有別人作了別的事我不知道，就沒法在此一一列舉。我相信一定還有很多。

我從心裏感激這些熱心人，因爲我實在是這一活動的受益者，沒有任何付出，卻搭了一個便車，希望將來有機會作出回報。

還值得一提的是合唱團的團員們，他們總是寬容隨和地服從領隊的意見。一個團體裏有帶領的人，也要有跟從的人，領導發出指示，其他人毫無怨言地跟隨配合，這也是活動辦成功的重要因素。想想看，一個團隊裏只要有一個既不做事，又意見很多的人，那就且有得麻煩了。

神州合唱團團員們的素質給我留下深刻印象，即便是那些沒有去的人，也常發出郵件，鼓勵大家，這也是一份難能可貴的支持。

因著這個原因，我想我可能會加入到這個團隊中去，望嫂子、大哥們接納。

之六、雪地金花

大家一定很難忘記在德國汽車拋錨的場景。

我們的大巴從斯圖加特啓程後不久，駕駛盤上就出現了紅燈警告。司機下了高速，將車子開進高速邊一條僻靜小路，停下來檢查。

從車窗望出去，是一片開闊的平原地，昨晚下過一場雪，早晨雪停了，陽光普照大地，到處是晶瑩透亮白茫茫的一片。車上的人也不管車子出了什麼故障，這事就讓司機去操心吧，大家一個個裹好棉衣，戴上帽子，迫不及待地沖進了雪地裏，玩雪的玩雪，拍照的拍照，一片笑鬧聲。畢竟是攝氏零下好幾度的溫度，室外呆一陣子，身上就開始發冷。

車子好像沒有修好的跡象，再這樣呆下去誰都受不了。

Jennifer 提議來跳幼稚園的舞，大家手拉手，圍成圈，在 Jennifer 的帶動下，開始蹦達起來

"腳尖腳跟腳尖翹，我是一號叫二號！"

"腳尖腳跟腳尖翹，我是二號叫三號！"

"腳尖腳跟腳尖翹，我是三號叫四號……"

跳著跳著，寒冷一掃而光，身上還微微出起汗

來。

這時，有人離開大家，直往雪地不遠處一片矮樹
叢裏奔，那個時辰，正是吃過早飯一個多小時的時
間，人人都會意她去幹什麼，在這沒有現代"文明出
口"的荒野之地，那是唯一得到解脫的辦法，我決定
立即仿效她去爭取人生自由。

此刻，只聽老高在喊："男左女右！"不少男士
也在往另一個方向走。

那片矮樹叢成了女士們的專屬，雖然不過是稀疏
的一些枯枝，並不能完全遮擋風景，但此刻誰也顧不
了這許多，蹲下身子，很快就在雪地裏畫出一朵金燦
燦的自由之花。

我把 iPhone 裏的錄影機打開，走出來正好遇見
祖薇，我說："小薇呀，我要採訪你了，你來這裏幹
什麼？"

祖薇帶著上海口音直耿耿地回答我說："我嘛，
來做一件跟你一樣的事嗳，你嘛已經解放了，現在輪
到我爭取解放哉！"

又遇見小麗也往樹叢裏鑽，問她："小麗啊，你
來幹什麼？"

小麗用北京腔嗲兮兮地回答我說："我呀，是來
玩兒的！"

“你到這裏玩兒什麼呀？”

“我到這裏玩兒雪呀！” 她故意給我裝糊塗。

我說： “祝你玩兒得愉快，畫出最新最美的圖畫！”

那一天，在小樹叢邊那片白皚皚的雪地上，真的開出許多金燦燦的花朵，那是女士們的傑作，至於男士們是如何創作他們的藝術品，就不得而知了。

因著這個典故，我把維也納之行幾個色彩鮮明的小故事都歸在這一篇裏，取名《雪地金花》，為的是紀念這個難忘的經歷。

之七、英雄救美

汽車第二次拋錨是在德國一個叫 Bad Durreheim 的鄉間小鎮，那已是將近午餐時間。司機已經發現汽車漏水，無法修好，正在與總公司聯繫，希望他們重新派一輛車來，導遊也急火火地跑下車去，尋找午餐所在。

車裏的團員們這一路上已經學會了一條很重要的戶外生存法則，那就是：看見食物不要挑，儘量吃飽，車停下來不要忍，就地解放。因為很難預料下一餐飯食或下一個解放點是否如期而至。

有人在雪山坡上找到一個凹陷處，很安全的解放點。一群美女都往那個方向去。

小麗氣喘吁吁地爬上山坡，解放了，又顫顫微微地踏著積雪往坡下走。忽然一個趔趄，險些摔倒。她腦子裏產生幻覺：背後是峭壁，前面是懸崖，我該怎麼辦？她停在那裏，不敢再往前多走一步。

這時候，老孫正叢另一個方向解放回來，看見情形不妙，趕緊快步走向山坡，伸出溫暖有力的大手，將顫巍巍的小麗扶了下來。

車裏的團員看到這一幕都驚歎不已，老高看得兩眼發直，竟然手裏提著攝影機卻忘記拍攝，有人提醒他，他如夢初醒，卻是已經遲了，他懊悔不迭。救美的一幕雖然沒有紀錄下來，但老孫英雄的身姿卻深印在人們心裏。

想想若不是汽車拋錨，若不是車上人不屈不饒時刻追求著自由解放，大概也就不會有如此精彩的場景，不會有這個英雄救美的故事在我們中間流芳千古。

更有趣的是，正當大家肚子已經餓得咕咕直叫，眼巴巴地翹首盼望導遊歸來的時候，我們年輕英俊的導遊竟坐著一輛小轎車回來了！大家十分驚訝，在這偏僻的荒山小鎮，難道還有他的朋友不成？再仔細看，爲導遊開車的還是一名德國老太太！原來導遊在雪地裏東奔西跑，想找到一個能容納四十人的餐廳，他在問路的時候，被這個過路的老太太聽見了，她毫不猶豫地請導遊上車，載著他跑遍小鎮，很容易就找到了一家合適的德國餐館。導遊很感激，邀請她和我們一道共進午餐，老太太爽快答應了。

那頓午餐，大家公認是我們這些天以來吃得最好的一頓。試想，若不是遇上這位好心的老太太挺身相助，憑導遊兩條腿，即便找到餐廳，也不知要耽擱多少時間。這老太太無疑是我們的大英雄，爲了報答她，我們在午餐之後集體爲她唱了一首歌——《遊子吟》，感謝她英雄救美，把我們這些從美國來的落難者全給救了。

之八、真正的愛國者

因爲汽車拋錨，我們到達列支敦士登大公國的首府瓦杜茲的時候已是天黑時分。

列支敦士登是一個位於歐洲中部，至今仍維持君主立憲制的山區小國，座落在阿爾卑斯山地的萊茵河穀，西臨瑞士，東接奧地利，是世界上僅存的兩個雙重內陸國家之一。（另一個是烏茲別克斯坦）。這裏

曾經以發行旅遊郵票而聞名世界，因此人們也稱它為
"郵票王國"。這也真是名副其實，因為這個國家總
面積加起來還不到 160 平方公里，也就一張 "郵票"
那麼大。

別看這個 "郵票王國" 土地狹小，人口稀少，且
不設海關與國防，甚至在歐元統一之前的相當長一段
時間，連自己國家的貨幣都沒有。但這裏的國民所得
水準，其人均國內生產總值卻高達 5 萬美元以上。人
們實在難以想像這個彈丸之地，如何成為一個以阿爾
卑斯山美麗風光、避稅天堂、與高生活水準而著稱的
富裕小國。

對我們這些外國遊客來說，夜幕籠罩下的瓦杜茲
實在沒什麼可看的，不過反正是到此一遊嘛，大家還
是興致勃勃地在瓦杜茲城堡的山下遠遠地抬首翹望，
大公居住的城堡裏透出一道橙黃色的燈光，在空朦的
夜幕中，閃現一絲神秘。

相比山頂上那座遙不可及的城堡，山腳下這座政
府辦公大樓就顯得格外真實。導遊告訴我們，這座大
樓就是這個國家的政治中心，甚至司法部門、警察局
都在裏面，而樓底的地下室就是關犯人的監獄。

導遊講了一個小故事：有一次，瓦杜茲的市長晚
上來辦公室，結果忘了帶鑰匙，他只要按門鈴，通常
看守犯人的獄警就會來開門。這一次，當他按響門

鈴，來開門的竟是穿著囚衣的犯人。市長驚訝地問："獄警哪里去了？"犯人回答說："他家裏有急事，回家去了。臨走時他把鑰匙交給我了。"市長問："那你爲什麽不逃走啊？"犯人說："我幹嘛要逃走？這世界上還有哪里比我的國家更好呢？"

啊，這是一個真正的"愛國者"！還有什麽人比坐在牢裏，有機會離開，還不願離開他的祖國更愛國呢？！

之九、脫褲子

從巴黎到維也納的一路上，我們常常要在攝氏零下好幾度的寒冷天氣裏步行，爲了保暖，大家都習慣了在外褲裏面再穿一條棉毛褲。最後一天乘飛機時，仍有許多人穿著棉毛褲去機場。

在倫敦機場候機廳裏，祖薇熱了，說去洗手間脫棉毛褲。

有人問："祖薇哪里去了？"

心直口快的小文不假思索地回答："脫褲子去了。"說完立刻覺得不對，趕緊用手捂住嘴，已經來不及，大家猛笑。

不一會兒，老孫站起來。老孫是個穩重的人，別人講笑話，他只是跟著笑，很少插話。此刻他很文雅地說："一會兒飛機上還真會熱，我也最好去那個什麼……"

話沒說完就往洗手間方向走。

眾人再次發出爆笑。

小麗立刻開始演繹說："倫敦機場，祖薇先去脫褲子，老孫接著緊跟而去……"

大家笑得前仰後合，氣都快要笑岔了。

小麗說的話，不過是在描述一件剛剛發生的事，為什麼不知不覺竟演變成一個帶顏色得笑話了呢？仔細想想，這裏面有個邏輯的奧秘，小麗用"斷章取義"和"偷換概念"兩種方法使得事情被"歪曲"得恰到好處，引人發笑。

在小麗的描述中，祖薇和老孫倆個人去脫棉毛褲的前因後果完全取締了，雖然她陳述的是一個事實，然而卻是一個砍頭去尾，斷章取義的部分事實。這被"斷章取義"後的部分事實已經與事情的原貌大相逕庭了。再加上"脫褲子"這個詞，除了指"脫褲子"這個動作之外，還有另外一個"黃色"的含義，同樣三個字，用這一個含義取代另一個意思，這就是"偷換概念"。

斷章取義"、"偷換概念",打趣說笑話,效果奇佳。然而,在現實生活中,以同樣的方法,歪曲事實,誤導思維,卻不太容易被發現。在我們生長的環境中,有太多這樣的事發生,我們從小被灌輸進腦海中的許多所謂"真理",就是這樣被斷章取義,和偷換過概念的。

舉個例子來看,上小學時,我們就被教育說,"我黨"領導人民,堅持抗戰八年,打敗了日本鬼子,使中國人沒有成爲亡國奴。然而,目前看到的越來越多的歷史資料證明,當年國民黨軍隊是抗日的主力,若不是蔣介石領導的國民黨正規軍積極抗日,單憑"我黨"遊擊隊的力量,是怎麼也打不過日本人的。我們的偉大領袖毛主席更是英明有遠見,他說:"讓蔣介石去打,我們在後方發展我們的實力!"他又說:"若不是小日本,我們是奪取不了政權的。"那些歷史資料看了叫人震撼,可我們教科書上這一段歷史完全走了樣,原因就是:"我黨"把自己參與抗日的一點事實無限誇大,而把敵對黨抗日的事實隻字不提,用這樣"斷章取義"之法誤導百姓,在那個資訊被控制,言論沒有自由的年代,人們是很容易這樣被洗腦的。這只是眾多例子中的一個,類似的例子大家還可以去找。

再舉一個"偷換概念"的例子:那年我去上海,剛出機場就看到一幅巨型標語,上面寫著:"慶祝祖國生日六十周年！”當時我就傻了，呀，我的祖國只有六十歲啊？我的父母親都已經超過六十歲了，六十年前他們就沒有祖國了嗎？很顯然這在邏輯上是講不通的，爲什麼寫標語的人會犯如此荒唐的錯誤，而居然很多看標語的人都沒有看出來？

原因就是被“偷換概念”洗腦的結果。

“祖國”這個詞也有兩個意思，一是指文化概念上的祖國，我們的祖國當有五千年的文明歷史，另一是指 1949 年以後成立的帶有政治概念的“中華人民共和國”，這兩個概念本是不同的，但“我黨”的宣傳常常故意把它們混淆，誤導人民相信“中華人民共和國”等同於五千年文明的“祖國”，因此我們歌唱祖國就等同於歌唱“中華人民共和國”。不要小看這樣的“等同”，這無疑是大大穩固了“我黨”執政的合法性，也賦予了“我黨”無上懲治的權力，因爲不同意共和國的領導人就是反對共和國，反對共和國就是反祖國，反祖國就是賣國賊，賣國賊當然要人人喊打，罪不可恕了。這就是爲什麼中國至今還有人以言獲罪，而老百姓卻還覺得這些人是罪有應得的原因。

我們有沒有被這樣“偷換概念”洗過腦？想想當初我們本來打算在維也納金色大廳唱的那首歌《共和國之戀》，和我們現在唱的這首《我和我的祖國》，你是否明確地意識到它們的本質區別？若沒有意識到，可得小心了，被洗腦實在是一件危險的事情，它會影響我們一生的判斷；若已經意識到，也得小心，發現自己已被洗腦，可又無法擺脫從前的思維習慣，是很痛苦的一件事。

從一個小小的笑話，拉拉扯扯出許多感想，寫出來是爲了提醒自己，我曾經是在一個斷章取義、偷換概念的語言環境裏長大，腦子早已是被洗過的，因此告誡自己，除了不要太相信那個語境裏的任何說辭，就連自己頭腦裏一向以爲是的固有思想都不要太相信。一個被洗過腦的人得出的結論是有偏頗的，除非他願意學習，願意重新洗一次腦，將從前那些在被洗腦過程中無意識接受的概念徹底清除掉！

得感謝小麗的笑話，給我一個反省的機會。

隨手散亂地記下幾個維也納之行的小故事，供大家回味剛剛逝去的快樂時光，人生的經歷隨著時間的流逝很快會過去，但生命的風景線卻會定格在某個記憶的深處，成爲永恆。

再見，一路的風景

去到一個地方，愛上那裏的風景，走的時候未免不捨。有人可以用「天涯風景處處」來作自我安慰，給自己一個瀟灑離開的理由。我卻無法那樣的瀟灑，卻又敵不過無來由的現實，我終是要離開！

好在，與它相處的每分每秒我都用心珍惜，照片裏，文字中，每個瞬間都刻進記憶的深處，我已了無遺憾。

折疊起離別的傷感，打包裝進肩頭行囊，回頭再看一眼心之所戀，輕輕道一聲：〝再見，我的風景！〞我不敢承諾何時還會再來，似水流年，誰又能知明天？讓我們安靜等待，上蒼若許，我們還會有再見的一天！

用心去喜歡

❀ 詩緣

　　一個星期一的傍晚，朋友從佛吉尼亞打來長途，他是我們朋友中特殊的一位，打電話從沒有固定的時間，也從沒有具體的事情，有時候幾個月沒有音訊，有時候一打就是老半天，只爲聊天。

　　他告訴我他收到了我寄給他的《麗娃河》詩集，他剛念完，非常喜歡，按捺不住給我打電話，我說那都是當學生時候的舊作，來美國以後才托一位在國內的朋友整理成集的。他問我現在是否還寫詩，我說不寫已經好幾年了。

　　"爲什麼？"他不解地問，"你應該多寫一些才好，否則你的才華就浪費了。"

　　對於朋友這樣的規勸，我不知說什麼才好，想了一會兒，告訴他我又有什麼才華呢？從前的那些詩，也不是自己要寫，是心裏有個聲音在逼迫我寫，不寫出來就過不去日子。如今心裏那個聲音已經跑掉了，不再來煩我，我又何必咬筆苦吟，自討煩惱呢？

　　朋友若有所思掛掉電話，我卻陷入對往事的回憶裏。

　　回想起來，那段與詩作伴的日子正是我生命裏一段著魔的時光，十八歲的年齡，剛剛開始人生。（可我已經在一場無從說起，無法了結的單戀中度過了許多年日。）就在我跨進校門的第一天，暗中的神靈便爲我安排了一次難以忘懷的奇遇，我陷入一場完全無望的單戀中，所愛之人是遠天的星。明知一切都是虛妄，我卻始終擺脫不了這份感情的侵擾，以至於將天下無數缺憾事物都與自己的不幸命運連在一起，竟如連綿細雨打在芭蕉葉上，早也瀟瀟晚也瀟瀟，一個難解的死結早早晚晚地懸在心頭。

我得感激造物主的信實，以他博大仁慈之愛，救我於迷惘浮游之間。他總是在我心感不甯時，將一個溫和的，充滿靈慧的聲音送進我的心裏，引領我把這份湧動不安的情緒變作唯有他和我才明白的語言符號，在那個人們稱作詩的東西裏去尋找和實現著生命的浪漫。

當時的校園，也是那麼充滿著詩的意境，"夏雨島"，"麗娃河"，那依稀的水邊垂柳，那鳴蟬的秋季黃昏，無處不使一個傷情少女在心之深處吟詠悲音。那時候，我的腦海裏常有一種幻覺，晃若自己的前生是一片春雨打落的樹葉，未露生機便已凋零，或是一朵開在枝頭最晚凋謝的萼梅，早該在一片熱鬧的喧囂裏悄然隱退，緣何卻只是顧盼徘徊不肯離去，落得個在清寒裏的獨自寂寞。若非如此，這今世的生命又怎會這樣感懷過敏，在無奈裏結出這許多詩的繭子來？

　　然而，我雖在傷感之海裏浮游不定，那雙看不見的手卻始終對我不離不棄，在經歷了心靈的滄海桑田之後，他又牽引我步出瀟瀟雨季，脫離了那個令人窒息的舊日生活土壤，來到此陌生的國度。我厭倦了午後獨自一人的寂寞，只想有個寧靜的歸依，將如溪流般平靜流淌的生命早早晚晚陪伴日出日落。機場等待我的，是這個我已決定嫁給他的男人，臂彎裏斜倚著一束開得淡雅的山花，花瓣上歷歷可見的是早春三月的瑩瑩晶露。他的臉上帶著微笑，是那樣平和鎮定的微笑，一見面就深深地打動了我，那一瞬間，我仿佛看見了自己一生的歸宿。

　　丈夫給了我一個無比可愛的家。在美國西部這片廣袤的原野上，我們擁有一座自己的房子和房子周圍一大片美麗的橡樹林，一條小木橋從後院的邊緣伸到林子深處，早上起來走到屋外，滿樹林裏是鳥兒甜美的歌唱。我在陽光充足的地方開出一片小園子，種了一地的草莓和各種應季的瓜果蔬菜。每天早起，我的第一件事就是給他們喂飽肥料和水，然後捧一本書坐在院臺上，聽聽鳥兒們悠閒的傾談，看看這世間被造之物的美麗，想想人生悠悠長河裏竟是充滿了這樣多美妙無比的瞬間，真是常常令我心醉情迷，忘了自己身在何處。

　　也就在這個時候，那個溫和的，曾引領我走出生命中迷惘歲月的詩的聲音卻在我心裏忽然消失了。有幾次我坐下來，握筆沉吟，想讓那個熟悉的聲音再度降臨，可怎麼了？周圍，心裏，到處都是靜悄悄，不再有他來之前那沉鬱動人的步履節奏，也不再有他流水般淌過耳際的夢幻旋律，他走了，棄我而去了，從此我再也寫不出詩了！我的心裏一度是不知所措的惶恐，接著是喪失愛物的悲哀。我問自己，難道我詩的生命就此結束了嗎？

一個夜幕低垂的黃昏，我靠在沙發上閉著眼聽窗外淅淅瀝瀝的雨聲。朦朧間走到一個絕好的去處，只見曲徑迂回，花團錦簇。忽然眼前出現一個身影，恍惚間卻是似曾相識。

我問他："你是誰？"

"我是安慰使者。"那聲音正如從前飄忽而至時一樣令我動心。他正是贈我以詩的那位聖者。

"你是來找我的？"我問。

他凝神注視了我一會兒，說："你幸福嗎？"

"是的，很幸福。"

"那麼，我就放心了。"他隨手摘下一朵不知名的小藍花遞到我手上，說了聲再見，剎那間，那身影連同周圍美好景致一併消失。我也驀的醒轉過來，手上並沒有那朵藍藍的小花。

看來世間萬物，無不掌管在造物主手中，那幾個年輕而易激動的歲月，他讓我與詩結緣，在我求而不得，迷惑掙扎于世時，他引領我擺脫塵埃，去到那個詩的空間，用另一個世界的美幻來撫慰我感傷的靈魂。而今我開始體會造物主的博大情懷，開始懂得欣賞人生的點滴之美，不再躲進自我心靈的角落，無休止地咀嚼自身的傷痛，這份改變足以使他欣然離我而去，去尋另一個需要他再度扶持的靈魂。而我，只將由他陪伴同行的那一段往事，變作生命裏一個閃光的亮點，在回眸凝望之時，再再提醒自己常存感恩之念。至於和詩的緣分，也只有隨緣而遇，緣來時加倍珍愛，緣盡時又何須苦苦強留？

一個六月的上午，清早起來便到院子裏去幹活，左手一個小鐵耙，右手一隻灌水的長嘴壺，給院子裏的菜鬆鬆土，給花澆澆水，待幹完活兒，太陽已照到頭頂，林子裏藍鳥和紅鳥在枝頭唱著小曲兒，翹尾巴的松鼠在枝椏間蹦來跳去，震得樹葉沙沙作響。

拍拍身上的塵土回到屋裏，正好電話鈴響個不停，抓起電話"哈羅"一聲，又是那個來自佛吉尼亞的聲音："喂，你在幹什麼？電話鈴響了半天，我正要掛掉呢！"

"我在園子裏忙著。茄子秧已長得很大，番茄也開花了。對了，我剛才看到一幕奇異的場景，就在我們院子的草坪上，一隻大鳥伸著長頸子，一左一右，帶著兩隻長相和她一模一樣，尺寸卻縮小了好幾倍的小東西，正悠閒地散步呢。告訴你你都不相信，那是野火雞！我們這裏野東西可多得很，有一次我看見鄰居家的狗在追一隻小野兔，滿身灰毛，只尾巴底下一塊小白斑，當地人叫它‘棉花兔’。還有一回，一隻如小拇指般大小的鳥兒，飛來我們屋簷下覓食，那是一種真正的‘小’鳥兒，永遠那麼大，每年六月飛來這裏，到九月份又要離開。就在昨天，我還看到一隻頭上長了兩隻角的癩蛤蟆……”

我就這麼不停的講述著我的所見。電話的另一頭，朋友靜靜地聽著，直到我忽然意識到自己的囉嗦，慌忙打住話頭，他才催促道：“繼續講啊，多美的一幅自然風景圖，多好的一篇散文！”

黑眼睛的蘇珊

　　已是深秋時分，而奧克拉荷馬的氣候依然十分和暖，往年這時候已是枯枝瑟縮，落葉紛呈，今年不但書上的枝葉依然繁茂，而且色彩異常豐富，青綠，金黃，深紅……交疊成一幅絢麗多彩的圖畫。景色十分迷人。

　　說真的，我已經很久沒有閒情注意戶外的風景了。自從有了兩個孩子，日子忽然變得忙碌倉促起來，似乎每一分鐘都在打仗，交戰的對方不知是孩子還是自己，抑或都不是，只是那樣一份沒頭沒腦，無邊無際撲面而來的瑣碎情緒。

　　也只有在夜深人靜，孩子們都已熟睡的時候，偶爾瞥見鏡中自己的影像，才會坐下來，幽幽地發一陣小呆，憶起從前歲月，很是懷疑那個長髮當風，心懷無數奇思異想的女孩子，是否在這個世界上真的存在過。即便是這樣發呆的時刻也是少之又少，太多瑣事已把我生命的空間填得滿滿。

　　如果不是那個深秋的上午，偶爾撞見那幅撩人的圖畫，也許我至今仍然迷失在永無止境的瑣碎裏不可自拔。

　　那天早晨，陽光格外明麗，我在送孩子上幼稚園返家的路上，經過一大片牧場，不知什麼時候，這牧場上已不再生長著青綠色的牧草，而是開出一片無邊無際，金黃燦爛的野花來。這小小的黃色的野花，一朵接一朵漫天遍野地開過去，匯成一片浩瀚的海洋，在明麗的陽光下閃著耀眼的金光，那景色壯觀極了。

我忍不住將車停在路旁，不顧一切地撲進花叢裏，那一份驚喜，仿佛又回到年少時代，在一個雨季的早晨，啪嗒啪嗒踩著隔夜的雨水，去樹林裏尋找五朵花瓣的丁香。因為聽人說過，丁香通常是四瓣的，如果找到五朵花瓣的丁香，就找到了幸福。也許世上根本就不存在五朵花瓣的丁香，反正我是從來沒有找到過，那麼幸福呢？我想是有的，孑身一人躲在尋找時的那份淡淡的感傷和濃濃的期待裏，讓自己一顆心沉浸在遙遠而清麗的遐想中，這本身就是一種幸福啊，不是嗎？

一陣微風拂過，花海裏由遠而近蕩來片片輕漣，仿佛震顫的電磁波掠過我的周身，往昔曾親歷過的那份感傷和期待的幸福，如潮水般重新將我淹沒。我凝神注目著眼前這小小的黃花，外表的形狀像一朵縮小了尺寸的向日葵，中間有一圈黑色的盤芯，像一隻充滿好奇的眼睛，凝眸回望著我。這花若有靈，定會疑惑：眼前這癡人，何以將一腔心事託付給我這樣一朵太過普通的小花？

“你好！”

我嚇一跳，竟沒有覺察到附近有人！

我回轉身來，看見一位上了年紀的美國老婦人，立在我身後，手裏捧著一架微型照相機。

"真是太美了！"她驚歎到。

"是啊，這花真是很美！"我應聲附和。

"不僅僅是這花，你站在花裏，黃色的花襯托著你淡藍色的毛衣，真是一幅妙不可言的圖畫！我拍了照，你不介意吧？"

"不 ……"我有些難為情地笑起來。

"啊，剛才那張照片一定非常好！"她又接著說，"其實，我昨天已經來過了，拍了不少花的照片，可是總覺得似乎缺點什麼，所以今天又來了，遇見你，好像完全了，不缺了。"

"是嗎？如果站在這花從中的是個天真爛漫的女孩子，也許更好，你說呢？"我不知自己為什麼說出這樣的話來，也許是內心深處那份自厭，總覺得現在的自己遠不及從前那個靈慧的女孩。

"哦，不。"老婦人否定我的話說："任何一個階段的生命都是美好的。春天盛開的蓓蕾固然嬌豔，但這深秋裏綻放的花朵不是同樣蓬勃美麗嗎？就象這一大片'黑眼睛的蘇珊'！"

　　"黑眼睛的蘇珊"！我第一次知道這種花的名字叫"黑眼睛的蘇珊"，多麼有趣的一個名字！在西方人的審美中，東方人的黑頭髮和黑眼睛都是被列入美的行列的，而這一朵在美國西部原野上熱烈綻放的小花竟有一個深具東方色彩的名字，真是讓我喜出望外！

　　再看眼前這位老婦人，少說也有六十開外的年紀，臉上深深的皺褶預告著她青春已逝的光景，可是她的面色那樣開朗，笑容裏藏著無限恩慈與體貼，瘦小的身軀立在花叢中，那樣堅韌、莊重。

　　我心念一動，對她說："讓我也為你拍一張照好嗎？"

　　她遞過照相機，深懷感謝地笑了。以後的一些時日，那一大片蓬勃盛開的黑眼睛的蘇珊，連同那位充滿智慧的老婦人的臉，不時出現在我的腦海中，我感激造物主的恩惠，總是將來自上天的啓示適時扣擊我的心弦，讓我在生命中作出調整，讓生活展現得更加完全。我無法拒絕這份美意，只有心存無限感念，用一顆敬虔的心，去領受上天的恩典。

　　哦，謝謝你，黑眼睛的蘇珊！

永遠的歌聲

　　那是我剛搬來奧克拉荷馬橡樹泉不久，鄰居雪瑞便成了我的好朋友。她五十歲左右的年紀，是個性格開朗，熱情洋溢的家庭主婦，丈夫是飛行員，經常不在家，一個女兒已經出去上大學了。雪瑞每週日在一家小教會裏演奏管風琴，她的鋼琴也彈得很好，而平常的時間，她總是熱心參與公益事務。

　　記得那是一個陽光明媚的上午，雪瑞說帶我去訪問一個老人樂隊，她是樂隊的司琴。一路上她向我介紹這個樂隊的情況：

　　“那是由一群住在‘基督之家’公寓裏的老人組成的樂隊，他們中年紀最小的六十八歲，最老的九十歲。每週二，四是他們排練的時間，週五下午他們去附近的小學，殘障兒童福利院，或老人公寓演出。他們最喜歡演出了，每週五都象過節一樣興奮。”

　　“你也每次都去嗎？”我問。

　　“是的，每週五我一定陪他們去。有段時間我實在很忙，真想辭去司琴的職位，可是一想到要離開這群可愛的人兒，我就不忍心，我知道我會想念他們的。”

　　“他們那麼老了，還能自己開車去演出嗎？”

"誰說不能？他們中有幾位身體硬朗得很呢！"

"他們都學過音樂嗎？"

"沒有。不過，他們中各樣人才還挺齊全的，有歌手，有鼓手，還有講笑話能手。辛娣最會講笑話，每次她戴著那頂滑稽的草帽往臺上一站，一開口，下麵人都被她逗得前仰後合，她有一個很貼切的外號，叫‘滑稽草帽辛娣’。愛麗兒的歌喉很美，她唱的西部情歌又傷感又動情，簡直要把人的魂兒勾走，大家叫她‘傷情的愛麗兒’。那位擊鼓手湯姆，從前是位小有名氣的西部藝術家，你大概猜不到，風靡全世界的可口可樂商標，就是出自他的手筆呢！噢，還有麥克……"雪瑞情不自禁地笑起來，"他真是一個老活寶！不過，他最近可是遇到了一些麻煩。"

"麥克怎麼了?他遇見什麼麻煩？"我好奇地問。

"他呀，差點兒當不成指揮了。麥克今年九十歲，他參加樂隊一年多，一來就吵著要當指揮，結果終於當上了。開始還挺不錯，不過最近一段時間，他對於自己總是背對著觀眾很不滿意，常常在指揮中途要把臉轉過來，做一些可笑的動作，說一些無關緊要的話，以引起觀眾的注意。吉兒說麥克太愛表現自己，不遵守指揮的本份，建議樂隊罷免他的職務。這使麥克很傷心，他說無論怎麼處罰，都不能讓他不當指揮，他太喜歡這個工作了。他請求大家的原諒，說以後一定好好謹守本份。不過，他還是常常管不住自己。"

"人年紀越大，行為舉止越象個孩子，不是嗎？"我覺得很好笑。

"是的，是這樣。更有趣的是吉兒，今年八十二歲，她從一開始就是麥克的剋星，處處跟麥克作對，兩人在一起就有吵不完的架。有一次居然把麥克氣哭了，一個禮拜不來排練。大家都怪吉兒說話不饒人，吉兒竟然也哭起來，罵道：'他是個笨蛋老頭，太笨太笨的小老頭！'"

"真是兩個地道的小孩子！"我和雪瑞都笑起來。

此刻，我心中已產生一個強烈的願望，想儘快認識這批可愛的人兒。

車開到"基督之家"公寓停車場時，就聽見一樓接待室裏傳出打擊樂的聲音。雪瑞帶我進去，我的眼前頓時出現一幅奇異的情景。屋裏七八個上了年紀的老人，一律穿著大紅上衣，這大概是他們的樂隊制服。他們手裏的樂器真是稀奇古怪，除了中間那位矮矮胖胖的老頭面前放著三面鼓，其他的人手中有的拿著鈴鼓，有的拿著沙袋，有的拿兩根棍子，還有一位手中拿著一個汽水瓶，裏面裝了半瓶紅豆。一位背對著我們的瘦高老頭，手裏拿著指揮棒，連腰帶身體一起和著節拍扭動著，從他的動作幅度真看不出是九十歲的老人。

見我們進來，擊鼓手率先停止了擊鼓。他站起來說：「雪瑞，你終於來了，我們樂隊離開你這司琴，還真要荒腔走調！呀，這位小姐是誰呀？」

我趕緊自我介紹說：「我是雪瑞的朋友，名叫丹。我知道你是湯姆，世界著名的藝術家！」

他哈哈大笑起來：「世界著名的是可口可樂，可不是我這個又老又醜的湯姆！」

「誰說你又老又醜啊？瑪麗就不只一次告訴我你實在很英俊，尤其是在臺上擊鼓時，那簡直是瀟灑迷人吶！」一位老太太拿下頭上的寬邊草帽，我注意到那草帽上鑲嵌著五顏六色的絹花，很是好看，只是那草帽的邊沿實在寬得有些滑稽。她朝我走來，給我一個溫柔的擁抱，說：「我叫辛娣，很高興認識你，丹！」

我也高興地說：「你就是那個會講笑話的辛娣！我也很高興認識你。」

「哈，看來你對我們很熟悉，我是誰你知道嗎？」這時候指揮說話了。

「你是大名鼎鼎的指揮家麥克先生，對嗎？」

"對！對！一點兒也沒錯！"麥克喜孜孜地回答道。

"啊，你說他是大名鼎鼎的指揮家？算了吧，我看他是大名鼎鼎的胡鬧家！"一位拿沙袋的老太太撇著嘴說。

我知道那一定是麥克的剋星吉兒。

"我們邀請丹來參加我們的樂隊好嗎？"雪瑞對大家說，"她的年輕美麗會給我們大家帶來好運氣的！"

"好啊！"大家一致鼓起掌來。

雪瑞又給我介紹其他幾位隊員，有傷情的愛麗兒，有凱倫，格萊蒂斯和文伯瑞，還有一位是坐在輪椅上的瑪麗。

"讓丹下午和我們一起去養老院演出吧！"湯姆提議道。

"演出？我可不會呀！"

"會！怎麼不會？練習兩遍就會了。"湯姆從口袋裏掏出一串鑰匙，邊搖著節奏邊唱起那首"古舊十架"。唱完一段，把鑰匙遞給我說："很簡單啊！

是啊，這樣演奏樂器確實很簡單，我欣然接過來，這就算加入老人樂隊了。

"好吧，我們現在就來把下午要演出的曲目練兩遍。"雪瑞坐到了鋼琴前。

現在我才知道，這個樂隊主要是靠雪瑞的鋼琴和湯姆的鼓點，其他人只要合著節拍發出聲響就行了。雖然很隨意，但每個人都那麼認真，聚精會神，和音居然也那麼動聽感人。我們演奏的曲目有教會歌曲，也有經典西部情歌。傷情的愛麗兒唱得真好，雖然是六十八歲的老人，嗓音依然圓潤甜美，富有感染力。

那天下午，我們去了養老院。養老院的餐廳佈置成了音樂廳，有觀眾席，有舞臺，舞臺上居然還放著一架很有氣派的三角鋼琴。

這是一家新建的高級養老院，建築豪華，設施齊備，護理小姐都經過特別訓練，住在裏面的人每年付費三萬美元，特殊護理加倍。看來，只有那些有錢的老人才能住進來。

我從臺上向下看去，觀眾席上那些老人，很多已經失去了生活自理能力，他們被護士小姐打扮得漂漂亮亮，象參加正式音樂會一樣，男士都穿西裝打領帶，女士們臉上都化了妝，有倆位還穿上了晚禮服。可他們臉上的表情卻很呆滯，看不出來，這豪華的住宿環境，和周全的護理條件，是否給他們帶來內心的快樂。然而當音樂響起來的時候，他們中間有了反應，有幾位和著樂器的節奏拍手，有幾位搖頭晃腦地哼歌，而辛娣講笑話的時候，他們中很多人都笑得象孩子一樣開心。

看著他們，我心裏卻想著我們樂隊裏的這幾位，按年齡來說，他們早都可以住進養老院受人服伺了，可他們沒有錢，他們住的"基督之家"公寓房子陳舊簡陋，是福利性質的。在物質享受方面，他們遠不如台下這些老人，甚至可以說他們是貧窮的，然而他們卻是快樂的一群，不但自己快樂，還把音樂，歌聲和歡笑帶進了這所豪華卻沉悶的養老院，帶給了這些有錢卻渴望快樂的同齡人。

中間休息的時候，我看見擊鼓手湯姆走到坐輪椅的瑪麗身邊，彎下身子向她詢問著什麼。來的時候也是他，將瑪麗的輪椅推上車，又搬下來。瑪麗沒有參加演出，她只是在觀眾席上和著節奏拍手，拍著拍著還睡著了一會兒。此刻湯姆對她的態度那樣和藹親切，仿佛是在詢問她感覺如何。

我問雪瑞："瑪麗是湯姆的妻子嗎？"

"哦，這裏有個故事。"雪瑞說，"湯姆年輕的時候有一個好朋友叫傑克，他們的友誼保持了很多年，到了倆人都退休的時候，他們各自帶著自己的妻子搬進了同一幢公寓，兩家住在兩對門。他們每天一起散步，一起開車外出，一同做飯，一同進餐，真的是形影不離。過了些年，湯姆的妻子去世了，又過了不久，傑克也去世了，只剩下湯姆和傑克的妻子。那時傑克的妻子已患了輕度老年癡呆症，生活需要人照料，湯姆就把她接過來，承擔起照料她的責任，她就是瑪麗，他們在一起算起來也有三年了。瑪麗在湯姆的照料下，病情還不算惡化得太快，雖然這種病到後來會逐漸喪失所有記憶，但目前她清醒的時候，還明白不少事呢！"

　　養老院演出結束後，我在停車場又看見了推著輪椅的湯姆，西下的夕陽將他的身影拉得很長很長。

　　以後，我每次都和雪瑞去參加老人樂隊的演出，漸漸和每個人都成了朋友。我知道凱倫有三個兒子，都成了家，事業也很出色。文伯瑞已過世的丈夫到越南打過仗。滑稽草帽辛娣常常拿她孫子的照片給我看，告訴我他是很棒的壘球手，他的球隊得了當年的中部冠軍。麥克的剋星吉兒卻告訴我她多麼後悔沒有和她女兒處好關係，她是多麼希望她女兒帶著外孫女常來看她，可是她除了感恩節能接到她們的電話以外，平時就只有想念的份兒了。我說："你可以去看她，把你的後悔告訴她。"她氣狠狠地說："不，我雖後悔卻不是我的錯！是她錯了，她實在不該錯得那麼離譜！"

　　有一次，我們去一家教會的老年人團契演出，演奏了一首教會歌曲"我心靈得安寧"。那天，輪椅上的瑪麗狀態出奇的好，她居然還跟我說了許多話，她說這首歌是一位愛主的弟兄寫的，他的妻子兒女在海上遇了難，他是多麼悲慟啊，但是靠著主愛，他的心靈重獲安慰，因此寫了這首充滿信心的歌曲。她的話說得不太清楚，但在湯姆的幫助下，我完全明白了她的意思。湯姆說這是瑪麗最喜歡的一首歌，當年她和她的丈夫傑克兩人有約，誰先被主接去，另一位一定要在追思禮拜上唱這首歌，結果她爲傑克唱了。現在她又請求湯姆，如果哪一天她去了天家，湯姆也一定要爲她唱。

再以後，我有了身孕，當身孕漸重的時候，我就沒有再去老人樂隊。不久雪瑞也離開了奧克拉荷馬，她的丈夫心臟開了刀，再也不能駕駛飛機了，他在弗羅裏達州找到一份新工作。雪瑞走的時候很有些傷感，畢竟她在橡樹泉住了近三十年，她最捨不得的還是她的老人樂隊。

接著我的孩子出生了，新生兒幾乎佔據了我的全部生命，別的很多事情都被我漸漸忽略了，包括樂隊裏的那些老人。

大概一年以後的某一天，我偶而經過那片"基督之家"老人公寓，忽然想起那個被我淡忘了的老人樂隊，那天剛好是星期四，如果樂隊沒有解散的話，這時候他們應該在排練了。我將車停在一樓接待室門口，剛出車門就聽見那熟悉的打擊樂聲，我的心竟突然狂跳不已。

當我出現在門口的時候，裏面的人都愣住了，過一會兒才歡喜地反應過來，我又見到了這些可愛的人兒！凱倫，格萊蒂斯，文伯瑞，麥克的剋星吉兒；辛娣仍然戴著那頂寬邊滑稽草帽；麥克看上去還是那樣硬朗；有一位年輕的女士坐在鋼琴邊，她是雪瑞走後的接替者，叫安吉拉；還有瑪麗，她依然坐在輪椅裏，似乎在安詳的睡眠中。

"怎麼不見擊鼓手湯姆？" 我忽然有某種不詳的預感。

大家的沉默令我恐懼，卻又證實了我的猜想。後來是辛娣告訴我，湯姆在兩個月前過世了，他走得很突然，卻很平靜。那個午夜，只有瑪麗陪在他身邊輕輕地唱歌，現在只要瑪麗清醒的時候，她就唱歌，那是爲湯姆唱的。

"湯姆是個好男孩！" 辛娣歎息著搖搖頭，"不過，我們不要說他了，這地上的宴席遲早要散的，我們將來都要去天家會面。"

"可是湯姆走了，瑪麗怎麼辦？"

"我們大家輪流照顧她。對了，丹，忘了告訴你一個好消息，吉兒和麥克快要結婚了！"

"什麼？吉兒？麥克？ 這兩個冤家？" 這真是大大出忽我的意料！我朝她倆望去，吉兒笑著點頭，麥克竟不好意思地臉紅起來。

"哈，這真是不打不相交。吉兒，麥克，我真爲你們高興！"

"還有高興的事兒呢！"吉兒說，"我和女兒和好了，她現在經常帶著外孫女來看我。"

"吉兒，你得承認，"麥克插話道，"她們是來看我的！"

"哈，就算她們更喜歡你，可不是因爲我，她們怎麼會來看你？笨老頭！"吉兒大聲反駁。

看他們兩人又幹起仗來，我趕緊說："你們什麼時候舉行婚禮，我一定來參加！"

這時候輪椅那邊有了動靜，瑪麗醒轉來，她的面部表情很莊嚴，嘴裏發出一種象嬰兒般單純柔弱的聲音。別的字都模糊不清，但"得安寧"三個字卻清晰可辨。是的，她在唱歌，唱那一首"我心靈得安寧"。

我走到她的輪椅邊，蹲下來，緩緩握住她的手，和著她的聲音也輕輕唱起來：

"有時享平靜，如江河平又穩，有時憂傷來似浪滾。不論何環境，我已蒙主引領，我心靈得安寧，得安寧……"

這時，安吉拉開始彈奏鋼琴，其他人也跟著唱起來：

"求主快再來，使信心得親見，雲彩將卷起在主前，號筒聲吹響，主再臨掌權柄。願主來！我心靈，必安寧……"

那充滿感恩，充滿期盼的歌聲在"基督之家"老人公寓的上空久久回蕩……

蝙蝠男的提醒

心情不好。去看電影《蝙蝠男》第三集。蝙蝠男已死了三次了，這個城市也在同一個地方為他豎立了三座墓碑。電影前兩集，他死了，又回來，這一集的結尾，他仍然沒死，當城市裏的人懷著沉重的心情替他哀悼的時候，他正在牙買加海邊與貓女相擁而笑。

我想，蝙蝠男之所以不死，是因為他象徵著一種力量——正義和良善，那是人類社會中永遠不死的精神。這種精神不是人類自身軟弱的本性可以產生，而是一種上帝賦予。這上帝賦予的秉性臨到個人的身上，就發揮出無窮的力量，使這個充滿罪惡的世界自古到今還有令人景仰和留戀的地方。從為民請命的葛黛娃，到為魚開道的齊先生，都是這種精神的體現，他們人雖已死，但他們所代表的正義和良善卻千古長存。

思及此，我的心豁然開朗，所謂心情不好，也是自己為自己設置的陷阱，一個總想著自己的人只會永遠在這個陷阱裏打轉。開拓自己的心胸，更多想到他人的需要，用上帝賦予人類的秉性為周圍人做一點點力所能及的事情，這大概是快樂人生的要訣。哦，謝謝你，蝙蝠男，你給我提醒，心情的好與壞，我有權選擇，主權在我，去擁有一個精彩人生！

❦ 生命的綠蔭—相聚 519

十天前，我穿越了一次時空的隧道，重回我多年前的故鄉，那個我從小出生、長大的地方，那個叫作"向塘"的鐵路小鎮。

三月中旬，在北京的同學黎鵬將向塘鐵中畢業30年聚會的消息用手機短信通知我，我一向平靜的心忽然激動起來。自從我父母退休搬到福州去之後，我再沒有回過向塘，一晃十幾年過去了，同學是早就失去了聯繫，依稀記得只有一位已經 80 多歲的老姑姑和一位大伯還住在那裏。然而此刻，"向塘"這個已經變得遙遠而模糊的地名，忽然在心裏喚起了無邊的遐想，我的腦海中出現了向塘地區的大操場；出現了"民主街"、"團結街"的字樣；出現了向塘鐵小那幾排簡陋的教室；出現了向塘鐵中旁邊那一大片開滿油菜花的田野……

我不知道黎鵬是怎樣得到我的電話，也不知道他發短信的時候有沒有想到對我造成的影響，我是幾乎毫不猶豫就作出了回去的決定。當時對聚會的感覺還很朦朧，只想再去看一看我人生的初始之地，再聽一聽鐵軌上汽笛的鳴叫，再重溫一下兒時的舊夢。直到親臨 519 聚會的現場，親眼看見一張張同學的臉，所有的一切才變得真實起來，對往昔歲月朦朦朧朧的印象才與一個個清晰的面孔連接起來。心裏忽然明白了，去之前爲什麼我會有這份無端的牽掛？不完全是爲了那個地方，而是爲了那裏的人，那些從小一起長大的發小，那些曾經與他們之間發生的動人故事，那些說出來很細很小，在心裏的份量卻是很重很大的點滴細節。

5月19日上午，我們在橫崗828聚集，同學們一堆一堆站在註冊樓的外面，欣喜地相見，親切地交談，氣氛十分熱烈。得感謝組委會的同學們想得如此周到，每個人胸前都配製了一個名牌，爲了避免見面時叫不出名字的尷尬。那天，有許多同學走到我面前，大部分我都是一眼就認出來的，因爲畢竟我們從小在一起長大至少有十年的時間，有些同學即便感覺陌生，是靠名牌認出來，可講了不到一分鐘的話，就又找回了30年前的感覺。想想這些同學，變了，又沒變，變了的只是外表，沒變的是一段同學間曾有過的真摯感情，我們就是因爲有這份感情的存在，才有今天的連接啊！那個時刻，我心裏充滿溫馨，同學們一張張親切的臉，讓我憶起許多兒時的故事，憶起我們在一起渡過的美妙時光。

上小學的時候，我們是在幾排簡陋的平房教室裏上課，下第二節課時要去大操場排隊做廣播體操，下第三節課要在教室裏做眼保健操，其他的課餘時間女同學就在教室門口跳皮筋、踢毽子、扔沙包，男同學一個個趴在地上拍香煙殼。那時候男生女生不講話，可調皮的男生們喜歡往女生堆裏扔石子，小石子扔到女生身上，小女生個個尖叫著往女廁所跑，小男生們追到女廁所外面，繼續往裏面扔石子。回想起來，那個場景多麼可笑，可7、8歲的小孩子那份童真的可愛又多麼叫人懷念！在這件事情上，張斌、塗子平、黃向軍，你們好像都有份呢！

黃筱蘭、鄒習涓，還記得嗎？小學我們同班，我們三個總是放學時一起走路回家，那時侯我們說，將來要一起插隊去新疆，因為祖國已經實現了"四個現代化"，我們不必用手耕田，可以開拖拉機啦！

楊向灝，你是我小學時候的同桌，我們坐在教室的最後一排。那時侯，男同學都叫你"耗子"，有一次，我也不小心脫口而出叫你"耗子"，同學們哈哈大笑都來取笑我。還有一次，我借作業給你抄，第二天，你不知從哪家的院子裏偷摘了一串葡萄送給我，葡萄青青澀澀，那時候有很多東西都是青青澀澀的。

王美芳，從前你家離我家很近，我常去你家玩，你總是帶著你的小弟弟，記憶中，你弟弟很小，和你很親，你像小母親一樣呵護著他。有一次，你弟弟被一隻狗追趕著哇哇哭叫，你沖上去護著弟弟，把狗趕跑。那時侯，你自己也是那麼小，也一定是怕狗的啊！95年我從美國回向塘，你特意來找我去你家喀螺絲，想起這事，眼前還出現那一大盤去了肉的螺絲殼。

鄒建英，我們從小在一個班裏直到你初中畢業去參加工作，有一個時期，我們放學回家有一段共同要走的路，那一路上啊，我們講了多少話？笑了多少回？彼此透露了多少難言的心事？後來你沒有念高中，提前去工作了，但我們間的友情一直保持了許多年。我最後一年回向塘的時候，那是 99 年吧？我和李頻在你家客廳裏，打地鋪，聊通宵，想得起來我們都聊了些什麼嗎？

我還記得小學的班主任張郁芳老師，年輕漂亮，充滿熱情。我們上小學那年剛剛在全國推廣羅馬拼音，老師和我們一樣都是初學。張老師每次都花很多時間先學，再來教我們，而且教得一點不錯，是她幫我打下了很好的拼音基礎，使我每次考試都得 100 分，直到今天還受益無窮。張老師是我語文上的啓蒙老師，是我求知道路上的第一位扶持者，可這次她卻沒有來，我心裏很遺憾。如果她來了，我會走過去給她一個緊緊的擁抱，會在她耳邊輕輕地說一聲："張老師，謝謝您……"

還記得小時侯，張小燕家就住在大操場旁邊，我們每天上學放學都要經過，也常常在她家落腳，一起玩那些兒時的遊戲。當年的她紮兩隻羊角小辮，笑起來一邊臉上有一個深深的酒窩，她籃球打得很好，性格也格外開朗。可是怎麼幾年前她那麼年輕就悄悄地走了呢？生命真是無常，誰又能說一定擁有明天？啊，小燕，你是不是要告訴我們，用真心去活出生命中的每分每秒，到我們走的時候，可以告慰自己生命沒有遺憾。

我已經想不起來那個同學的名字，想到他，就想到他那白髮蒼蒼的母親，他還有一個殘障的妹妹，生活不能自理。這個同學的父親很早就過世了，母親帶著兩個孩子過著艱難的生活，好不容易盼著兒子長到18歲，馬上就能頂天立地了，卻在83年國家來了一個"嚴打"，那個孩子就被"嚴打"打掉了，聽說他的母親被迫交了五毛錢的子彈費。那以後，我常看見他的母親領著他的妹妹，在向塘地區的大操場上走路，開始他母親攙著他妹妹的手，後來終於可以放開手，讓她自己跌跌撞撞地走。哦，這位元母親，從前她全部的希望就是兒子趕快長大，如今她唯一的希望就是女兒有能力邁出艱難的一步，在她哪天突然離去的時候，可以一個人繼續往前走……前兩天，我忽然在群裏看見有同學提到他，對了，他的名字叫朱俊！

還想起一個小學姓嚴的女同學，有一天，她跟著一幫大孩子去水塘采菱角，每人坐在一個自家帶去的小木盆裏，小木盆在水上漂呀漂，忽然失去平衡，她跌進水裏，再也沒有上來……那時候很多小孩子的生命都是自生自滅的，每天都有不可預測的危險，有些在河裏游泳淹死了，有些在鐵軌上玩耍被火車撞死了，還聽說那時有幾個小孩爬到廢棄的油罐車裏捉迷藏，因缺氧悶死了……能在 519 相聚的同學是應當感恩的，生命度過了許多不測的風險，變得更加茁壯頑強！我們還有什麼理由不珍惜？我一直想回憶起這個女同學的名字，想了很久，忽然在某個不經意的瞬間，三個字跳進我的腦海："嚴麗群"！是了，這就是那個早已被人遺忘的名字，那個也曾經有過天真活潑生命的女孩子！我甚至清晰的回憶起她的長相來，在她某一邊的嘴角上，有一顆黑色的痣！我不知道為什麼，在我記憶深處一直還存著她的影子，很可能跟她家住的地方有關，那個地方曾經有過我某種很深很深的牽掛…

　　最令我驚訝的是，519，我還見到了幾個上小學之前的鄰居，閔金寶、陳九明、顧偉強，還有一個名字是陳九明提到的，我實在想不起來了。那時，我家住向塘鎮街上，這幾位同學都住在我家前排後排，顧偉強住我對門，我們都只有 4、5 歲。陳九明說："我記得小時候大家都叫你咪咪。"顧偉強說："你小時候很高的，怎麼現在變矮了？"我笑起來："那是因為你長高了呀！"那時候，顧偉強個子確實沒我高，打架打不過我。有一次，我把他手打破了，出了血，他來我外婆這裏告狀，外婆說："強強乖，外婆給你煎雞蛋。"強強說："要煎三個！"強強那天吃了三個雞蛋。

　　還有一位同學劉詩琴也是在 519 上見到的。詩琴，雖然我們沒有同過班，以前也不知道你，可當你以"深山紅葉"的名字出現在我的 QQ 裏，我就預知了你內心的美麗，你說："不要問我叫什麼名字，我是一棵無人知道的小草。"這話讓我心疼，我對你說我一定會查出你的名字來。後來我告訴你我已經知道你的名字了，你那份驚訝和欣喜令我深受感動。519 那天，你帶著名牌，帶著燦爛的笑出現在我面前，那份優雅和美麗，像你的名字一樣，如一首小詩，一曲悠揚的琴韻，真的好美！

　　1977 年，我們從向塘鐵小畢業之後，就進入了向塘鐵中，同一批人又開始了為期 5 年在一起的中學生活，每個班的成員有了調整，認識同學的範圍也在擴大。謝志輝、夏小燕、李頻、周秀梅、況淑青、陳小蘭……這些當年的好朋友，都是那時候認識的。

　　初中畢業的時候，我和謝志輝兩個都報了中專，我倆一起到南昌去體檢，可後來，她去上了南京郵電學校，我卻被我父母留下來決定考大學。我們倆後來通過很多信。我讀大學的第三個暑假，被謝邀請上了廬山，那時謝已經從學校畢業，在廬山郵電局工作。我們住在她那簡易的單身宿舍裏，白天她請假陪我去玩，晚上講不完的悄悄話。那時的她正處在戀愛當中，周身散發著只有被愛情滋潤的女子才有的美麗光輝，我作為好朋友，多麼欣喜地分享著她的幸福，多麼快樂地感染著這份人間最美的情感！多年後的今天，被她邀請重上廬山，看她依然那樣美，那樣沉浸在被先生寵愛的幸福當中，真的為她開心！

　　李頻一直是我心儀的女子，美貌如西施，卻又有人間難得的平常心，為人寬厚善良，總為別人著想。高中時候我們很好，常常一起做很多事情，她和陳小蘭是同桌，我們曾經不止一次去小蘭子家玩，至今還記得小蘭子家門口的那條大河，以及在河邊挑水洗衣的人們。我們三個在高中的時候曾經有過一張合影，這次小頻的心願就是再有一張三人合影，可惜小蘭子因為身體的原因沒有來，真的好遺憾！我出國後，回過兩次向塘，每次都和小頻碰面，最後一次她也結婚了，生了一個可愛的女兒，講起先生，講起女兒，她有一種由衷的幸福感，滿足感。這次上廬山頻也去了，我們住在同一個房間，又重溫了一次閨中舊夢。

　　周秀梅，我們中學是同桌，中學有過很多同桌，就只記得你，你的沉穩，你的用功，都給我留下深刻印象。有一次，曾老師念你寫的作文《花兒朵朵》，我深深地被吸引　，被你的文筆所打動。這次見到你，好像覺得你有變化，變得更加灑脫、自信，在人群中更加富有感染力。也許是生活磨練了你，也許是悟性使你更明白了人生，我從心裏欣賞你！回美國的時候在上海又與你有一天的相聚，看得出你也是沉浸在幸福中，人若能時時體會到生活的幸福，且加倍珍惜所擁有的一切，多好！我們相聚的這一天將珍藏在我記憶深處，成為生命中又一個美好！

這次見到的很多男同學，也曾在我的青春歲月裏刻下美好痕跡。

王慧強，我們初中是同班，記得那時候天氣已經很冷了，你還穿一件單衣，凍得瑟瑟發抖。可這並沒有影響你的成績，你總是沉默、用功，品學兼優。後來我們都在上海念大學，記得有一年在學校裏舉辦我的個人詩歌作品朗誦會，你從你的學校趕來捧場，你是唯一一個在大學裏參加過我詩歌朗誦會的中學同學，我一直心存感念。後來，在我畢業前，你又來過一次，送了我一把精緻的西湖檀香扇。

洪清衛，你是我們高中時候的班長，那時候你就給人老練、深沉的印象，這次見到你，講起話來還是深不可測，我到現在還是不太明白"不是小小的我不能承受"到底是什麼意思，還有形容羅薇的"山水融融"、"動靜切切"、"心誠至至"，羅薇有沒有問你呀？不過，你一向在同學中就有威信，你的話，同學們聽懂了佩服，聽不懂也佩服，反正我是一直很佩服你的，這次所有的話中聽懂了一句："有聲的，無聲的……"

黎鵬，想到你，就想到向塘地區大操場旁邊的鐵路俱樂部，那時候，你爸爸在俱樂部裏放電影。我最愛看電影，在那個缺乏娛樂的年代，看電影真的是最佳享受。常常在看電影的時候就會想到，也許在那個射出強光的小視窗裏，同學黎鵬就坐在裏面呢，那是多高的待遇啊，好令人羨慕！後來你也是在上海讀大學，我去過你們學校，假期回向塘，你也來過我家。這次要感謝你把我"忽悠"來參加519聚會，不然，我又要錯過。謝謝你告訴我你第一個擁抱的女生是我，也謝謝你給我獻花，並留下一句動人的話。

董錫文，雖然我們在學校裏沒有同過班，你卻是我印象深刻的體育健將，全校運動會上，我還寫過你的廣播稿。那時，我媽媽當過你的班主任，她說董錫文不但體育好，人也聰明，成績也是很好的。她還說你是一個重義氣的人。519那天，我從臺上下來，你握著我的手對我說："我這個人是不輕易動感情的，你的詩真的讓我很感動！"聽了這話，我心裏油然產生尊重與珍惜，因為體會到你心裏一種真情的流露，那是人與人之間彼此贈送的最珍貴的禮物。謝謝你！

甯小雲，519聚會的那天晚上，同學們都在跳舞唱歌，我們倆卻坐在後門邊的兩把椅子上，在熱鬧和喧囂中回憶著遙遠的往事。高中畢業你就到鐵路上工作了，我後來考取了大學。你問我還記得嗎，有一個暑假，我和你，還有周秀梅，在周立家聚，我拿紙牌給你們每個人算命，算完之後歎了口氣，說："我給別人算命，卻沒有人給我算命……"你說你聽出了這句話裏的惆悵，我回學校之後，你就給我寫了一封信。我當然記得，我們的通信就是從那開始的，我已經不記得當時你在信裏寫了什麼，可讀信的感動卻一直留在心裏，就覺得你是那麼善良，那麼富有同情心，你用你的心真誠地安慰我。我也是很認真地給你回信，也是在用心維護我們的友情。這樣的通信持續了很長時間。你說後來你將那些信封成一個小包，存在家中的櫃子裏，家裏失竊，小偷把那個裝信的小包一併偷走了。你還說："中學同學中，王曉丹是對我最好的……"聽了這話，我的眼淚撲簌簌掉，那時候自己不懂什麼，只是會用心去領略別人對我點滴的好，是你，寧小雲，一直在真誠地對我好。

付建華，也是令我難忘的同學，小學時候，學校裏組織了一個樂器隊，我是彈揚琴的，付建華吹笛子，剛開始，他一個音也吹不出來，幾天以後他就能吹出音了，老師誇他很聰明。他家住在馬路邊，有一次我在馬路上走，路過他家的房子時，聽見有悠揚的笛聲傳出來，很清亮。

中學我們又在一個班裏，他是那種不用功就成績好的學生，很得老師的歡喜，誰都知道，他是當年陳素蓮老師的"掌上明珠"之一。後來我們上大學時，有一年他到上海，還來我們學校找我玩，我帶他去找王雪英。

從什麼時候起，他將自己封閉起來，與世隔絕了呢？中學時和他形影不離的好朋友徐南，多次去他的住處看他，跟他講同學聚會的事；和他從小一起長大的兒時玩伴趙敏，也專程去他家勸說他來參加同學聚會，終於，他們把他從一個人孤獨的天地里拉了出來。

那天晚上，夜已很深，同學們還在盡情地歌舞，我跟寧小雲講完話，忽然一陣難以抵抗的疲勞襲來，我決定回房間休息。走在路上，看見了付建華，柱著兩隻拐杖，在張斌的陪同下，正在等車來送他回家。不知為什麼，我的喉嚨忽然堵得慌，心裏有很多話想對付建華講，我決定去送他一程。車終於來了，我們進了車裏，張斌叫他"瓦洗"，大家都笑了，氣氛一下子輕鬆起來。"瓦洗"是他小時候的外號，我突然想起了什麼，對付建華說："對了，我好像知道這外號的由來！"他似乎頓時來了興趣，追問怎麼來的，說他自己已經忘記了。我說："記得有一次，是你媽媽來學校找你，站在教室門口，大聲對你說："建華，出來，要跟你瓦洗！""瓦洗"南昌話就是"講話"的意思，而南昌話"屎"又和"洗"同音。當時教室裏的同學全都在笑，"瓦洗"的外號就這樣叫開了。我不知道我的記憶是否準確，但腦子裏忽然有這個事情冒出來，十有八九沒錯。他對我說："王曉丹，你的詩寫的很好，很感動！"我說："感動的不是我的詩，是這份多年的同學情。我過兩天又要回美國了，你能答應我嗎？不管什麼時候，同學來找你，你就和他們去，你想找人聊天了，你就給趙敏、給徐南、給張斌打電話，他們都想常常見到你，都想常常聽到你的聲音，都想跟你成為彼此牽掛的好朋友！人與人之間，還有什麼比同學之間這份真情地連接更值得珍惜呢？你不要不理大家，忘記大家啊！”他回答我說：“好的，我一定……”那一路上，我們大家講了很多的話，他臉上一直帶著舒坦的笑……幾天以後我就聽到了好消息，他真的開始和人有連接了，是從他姐姐妹妹開始的，他媽媽抱著趙敏的媽媽哭著說：“真的要感謝同學們……”

519 那天，來了好幾位老師，他們每一位在我們的人生道路上都有恩於我們，我們無以回報老師的恩情，惟有心存感念，過好自己的人生。在這些老師中，曾仲連老師是我特別要提到的人，因為他在文學上給了我極大的幫助，以致於多年後的今天，我仍然記得他當年對我的點滴鼓勵。那時候，他總是把我的作文當作範文，拿到本年級甚至高年級傳閱，還把我的作文推薦到《南昌晚報》上發表，我 13 歲的時候，就有了第一篇正式變成鉛字的文章登在報紙上。為了印出這些作文，曾老師常常刻蠟版到深夜，那時候他的眼睛就不太好，看書要離得很近。記得當年我是語文課代表，可他為了節省我的時間，本子收上來後，從來不要我費時費力地將本子按小組分好，每次總是他自己一本一本吃力地辨認著同學的名字。有一次，我懷著感激的心，寫了一張紙條夾在作業本裏，對他說："今後就由我來分本子吧，請您愛護好您的眼睛。"這張小小的字條令他很感動，他對我們班主任說："這麼多年，只有這一個學生……"我們班主任老師在全班表揚了我，令我十分尷尬。

後來，我考上了中文系，每年放寒暑假我都會回去看望曾老師，每次都在學校的辦公室裏，因為即使是在假期，他也在努力工作。再後來，我大學畢業進了《雨花》雜誌社，每一期新的雜誌出來，我都給他寄，一直寄到我出國。那天聽曾老師的女婿趙敏說，曾老師至今仍然一本不少地保留著這些雜誌，我的眼淚差點掉下來。519 那天下午，我到老師休息的地方，坐在曾老師旁邊和他說話，他聽力已經不好了，我要提高嗓音他才聽得見，但他仍然關心著我，問我是否還在繼續寫作，我告訴他，我剛寫完一本 20 萬字的書，他臉上露出欣慰的笑……

寫這些故事的時候，連我自己都感覺驚訝，我居然會記得這麼多事情，其實很多事情從來連想都沒想過，那些事好像早就裝在一個小瓶子裏，藏在我的記憶深處，當契機來臨，瓶蓋就自動開啓，所有的東西全都冒了出來。這個契機就是 519。這時候，我才深深意識到，原來我的生命與那片土地以及那片土地上的人有這樣割捨不斷的連接，雖然時間過了那麼久，人生走了那麼遠的路，這份連接從來就沒有中斷過。

519，那麼短的時間，發生了許多動人的故事，那晚的酒會也是令人難忘，王敏、王雪英、趙敏、徐偉鋒，你們的主持充滿熱情，王敏、徐偉鋒，你們倆共同朗誦的詩《當我們年老的時候》一直令人回味。趙敏，你的那首《父親》唱得盪氣迴腸，趙敏也是個性情中人，分別前對我說的一句話："曉丹，你放心……"至今仍十分感念，短短的一句話，道出他對同學的責任心以及對我表達的寬慰，謝謝趙敏！

我要感謝這次聚會的總策劃人徐向春、王毅明，會務組的同學袁建軍、徐南、張旭初、鄒建英、紀建明、趙敏、樊哲勤、劉小鳳、李頻、徐偉鋒、張弘、俞金花、董錫文、石偉、祝鐵華、毛贛線，是你們創造了一個不可思議的奇跡！兩百多人的聚會，兩百多顆渴望相聚的心，被你們付出的辛勤勞動連在了一起。看著你們因勞累而憔悴的面容，看著你們因熬夜而紅腫的眼睛，真的很疼惜，然而聽到你們開心的笑，我知道你們心裏也是幸福的，不必多說感謝的話，我會永遠記住你們無私的愛心！

其實，要感謝的人還很多，我們到的第一天，俞金花和她先生就設宴招待大家，記得金花還提出創辦老人院的設想，真希望她這一夢想成真……

王毅明，謝謝你不辭辛苦開車送我們上廬山，還有徐偉鋒、鄒建英，很遺憾你們不能在山上停留，為了第二天上班，又冒著大霧，匆匆下去……

袁建軍，那幾天，一直看你忙前忙後為同學服務，細心周到照顧外地來的同學，直到最後一天把最後一個外地同學送走。同學們都稱你"袁頭"，你實在起了一個很好的帶頭作用，為聚會付出了很多……

張旭初，謝謝你 519 那天在辦理住宿登記的時候，你看見我來，就給我"開後門"，早早就把門卡送到我手中……

黃向軍，因為那首詩，你也給我獻了花，謝謝你……

楊建東，謝謝你 23 號那晚請同學們去唱 Kala Ok，沒想到你唱歌這樣好聽……

徐向春、石偉，最後一晚的酒會，最後一晚的狂歌勁舞，都給我留下難忘的印象……

祝鐵華、張弘，你們不唱歌，也不跳舞，可最後一晚，你們坐在那裏微笑著，陪著大家，一直到深夜……

紀建明，520 那天早上，你說帶我去看毛澤東的行宮，我正在吃早飯，你就和其他幾位男同學一直在餐廳門口等我。後來在機場收到你一則短信，你的誇獎，給我很大鼓勵……

萬秋亮，同學告訴我，你在群裏說："要像曉丹一樣重情意！"可我知道，你們都是重情意的人……

寫到這裏，我已無可回避地要面對這次聚會的高潮，面對那個走上舞臺爲我獻花，給我深情擁抱的人。哦，徐南，我該用怎樣的文字來寫你，怎樣把一個歷經 40 年的故事，講給同學們聽？回想起來，那天我在朗誦《相聚》的時候，你一動不動地站在那裏，後來坐在你對面的張斌告訴我，當時你的眼裏含著淚。我知道你將這首詩聽進心裏去了……

我和徐南，從 1972 年上小學就在同一個班裏，一直到高中畢業，在一起整整有十年的時間。從小我就喜歡他，圓圓的腦袋，大大的眼睛，扁扁的頭，樣子十分可愛，每天去上學心裏就高興，因爲又可以見到他！就這樣我們一起長大，一起經歷了人生的童年、少年和青年。那個年代男生女生是從來不講話的，多少無法明白的心事只能悄悄發生在年少人的心裏，最多用一個無助的眼神深深地傳遞。

後來大家都去上大學了，這才在假期回家的時候有一些的接觸，有一些單獨的交往。回憶起來，我和徐南一起做過很多事情，我們倆一起去南昌逛過街；彼此到對方家裏去拜訪過；我們還去過李小華住在鐵中的房子裏打過麻將。1987 年我大學畢業，徐南專程到上海來送我，後來我在南京工作了，他也到我那間小小的單身宿舍裏來過。我們還一直都通信，90

年我出國的時候，他是我唯一告訴的中學同學，而他結婚的時候，也寫信告訴了我。那時，不懂他心裏的感受，他什麼都不說。後來，時間和距離中斷了我們的聯繫。

2002 年的某一天，我忽然收到徐南的一個電子郵件，他通過網路搜尋終於找到了我，那時我剛剛生完第三個孩子，忙得不可開交，通過幾個郵件，打過幾個電話，又斷了。我不知道那個時候他正在漂泊，只知道他人在北京，除了給我祝福，他還是什麼也沒說……

當我買好機票準備來參加聚會的時候，一點都不知道徐南就在南昌，是聚會前一個月，黎鵬將徐南的聯絡方式兩次告訴我，又催促我快裝 QQ，上網看看，這才又聯繫到了他，並且知道他作了群主，正在爲聚會沒日沒夜地操勞。告訴他我已買好機票準備回去，他十分驚喜，許多事情都很意外，完全沒有人爲的計畫，似有一雙造物主的手……

也許一切真的都是上帝的安排，我們認識了 40 年，這中間發生過多少年幼的心無法理解的事，又有多少年輕的生命留下的耐人尋味的故事，許多的天真幼稚，許多的滄桑無奈，許多許多無法理清，無從表達的思緒……那天你在短信裏對我說："這麼多年，其實心裏一直都想著你，看見你生活得這麼幸福，我從心裏爲你感到高興……"這話深深感動著我。謝謝你，徐南，是你的深情給了我最美麗的體驗，是你爲我創造了一個人生舞臺上的輝煌瞬間，當你走上舞臺，緊緊擁抱我的時候，我忽然意識到沉澱了 40 年的友情在一個完全不經意的瞬間長成了一棵開花的樹，那樣燦爛，那樣令人驚喜！這樹上的花在生命的季節裏是永開不敗的！

我還要感謝你的坦誠和勇氣，你多年前沒有說的話，都藉著這一行動有了全新的表達，不是任何人都能這樣做，你也不是對任何人都會這樣做，我十分珍惜。你的行動讓很多同學感動，也讓他們羨慕或者嫉妒，但最終他們都會理解，理解人間其實只有真情才是最美的東西，理解一個動人的故事不是在一兩天就能發生，有時候是幾年，有時候是幾十年，有時候甚至是一生。謝謝你在見面的第一天送我 11 朵紅玫瑰，你說那個數字有意義；謝謝你臨走的最後一天，隱在歌廳的暗影裏爲我唱那首歌，沒有人看見你的表情，我卻知道你的心。雖然地上的生命不可能存到一萬年，但靈與魂終將擺脫今世的纏累，歸向永恆天父的懷抱，在那裏沒有眼淚、沒有憂傷、沒有痛苦、沒有絕望，有的只是一切的美與善，一切的快樂與光明，一切的幸福與希望！十年、二十年、三十年，我們不知道我們的生命有多長，我們只有懷著彼此的祝福，懷著憧憬與期盼繼續前行……

十天前，我是帶著怎樣一顆激動的心，從遙遠的彼岸不顧一切地撲向我的初始之地。十天之後，原以為會帶著傷感、帶著落寞的心境告別，因為人間沒有不散的宴席，散的時候總是無奈。卻沒想到我是帶著滿滿的幸福，滿滿的同學情意離開，同學們的每一聲祝福，每一句誇獎，每一個關愛的表達，都使我的心洋溢著甜蜜。 此刻，我的腦海再次浮現出聚會時的一幕幕，浮現出一張張老師、同學的臉，心裏真是感慨萬千，真正體會到同學真情的可貴，體會到用真情互待是人間最美好的事情。我相信參加 519 的每一位元同學都會有這方面的體驗，我如今寫出來的只是很小很小的一部分，雖然挂一漏萬，我還是匆匆記下了我能記起的每一個故事，為的是紀念 519 這個雖然短暫卻珍貴無比的瞬間，也為了向老師和同學們表達一個深深的謝意，謝謝這世界上有你們的存在，謝謝因為你們，生命變得更加美好！

曾經聽人說過，如果有人對你好，就種一棵樹。我是這樣想，當誰對誰好的時候，神靈便在暗中播一棵樹，森林是這樣形成的，我們每個人都有一方屬於自己的森林，愛它，珍惜它，讓它成為你生命的綠蔭！

重開的 "勿忘我"

家門前有一片草坪，種著四季常綠的青草，每天早晨起來，就到門口看一看，看著晨曦中的綠苗，在清晨的風中微顫，像是在對我發出燦爛的笑，心裏好歡喜，我對自己說，我會好好愛護你，我的綠地！

我不容許我的綠地有任何的污染，風刮來的一張紙，樹上落下來的一片葉子，任性生長的野草，甚至是漂亮誘人的野花，我都會清除得乾乾淨淨。這變成了我的習慣，我的責任，甚至成了我的癖好。我真的盡心盡力維護著這片綠地，使它成爲一片沒有雜質，沒有異類，一塵不染的青草地。

有一天，下了一場雨，草地裏忽然長出一蓬藍盈盈的花，嬌羞的葉瓣映襯著柔嫩的花朵，花朵上那一枚雨珠，象憂傷的眼裏流出的一滴清淚。啊，是勿忘我!藍色的勿忘我，我久違的夢中花！

很多年以前，在一個遙遠的地方，我住在一間狹小簡陋的平房裏，門前沒有草坪，什麼都沒有，有的只是一個少年人心裏朦朧的思念，朦朧的夢想，朦朦朧朧等待夢想成真的期盼。

也是在一個雨後的早晨，屋外的牆邊竟然開出一蓬藍盈盈的花！在什麼都沒有的泥土地上，那朵小花開出了全部的溫柔，全部的嬌媚，全部無法形容的感動，我的心被疼痛牽扯，眼裏竟流出淚水，那淚有點兒傷感，也有點兒欣慰，但更多的，是心裏生出的由衷渴望，渴望這小花給我帶來生命裏新的資訊，渴望蟄伏在心頭多年的秘密，可以象這朵美麗的花兒一樣自由開放！

以後的日子，我每天去看花，給她澆水，對她說話，她也像是明白我的心思，總是在早晨的時候開出所有的燦爛迎接我，就這樣開了整整一個花季。

那是整整一個季節的陪伴啊！

終於季節過了，那花也隨之而去，看著漸漸枯萎的花葉，我哭了。又一次地流淚，又一次地心疼，又一次體會到美的脆弱。

很多年之後我才知道，那朵小花的名字叫“勿忘我”。哦，你既不忘我，總該在生命的另一個花季來看看我，讓我再重溫往日與你在一起時候的溫馨，重溫昔日的思念和夢想。可是，很多年，你都沒有來，在我的記憶中，你已經漸漸遠去。“勿忘我”，我夢中的花，這麼多年，你都開在哪？

多年後的今天，我擁有了一大片四季常青的草地，他給我平靜，給我安寧，給我每天幸福的感受，我的心也以這片綠地爲滿足。忽然在這個時候，你又出現了，夢中那朵藍盈盈的小花，她靜靜地開在那裏，還是昔日的嬌美，還是昔日的溫柔，依然牽動我的心，忍不住絲絲地疼痛。

我會依照我的習慣，爲了保持草地的純淨，將這朵久違的，承載我青春夢想的小花除去嗎？天呐，這是一件難以想像的事情！隨著這朵"勿忘我"的到來，我的習慣，我的癖好，我面對別的野花野草時的冷酷無情，全都煙消雲散了。看著那片充滿韌性的青青草地，再看看這朵纖柔嬌嫩的幽幽小花，我知道，要讓她在這裏生長，我需要付出加倍的愛惜。哦，不是任何事情都能這樣改變我的心，我只爲了你，我夢中那朵藍色的花。

我不知道這樣做對不對，也不敢問你能爲我綻放多久，只在心頭悄悄許下一個心願：親愛的，讓我依然疼惜你，象從前疼惜你的時候一樣，爲你澆水，對你說話，心裏期待著少年人的美夢成真。你是否也願意每天爲我而開，每天期待我的到來，用你的溫馨、你的溫暖、你的溫情，再陪我一個花季，再陪我一個花季……

讓我們彼此愛著

心與文字再度相愛

　　心，從小就喜歡文字。文字於心，好像一個孩童喜歡他的七彩積木，將那一個個小方塊，隨意地組合搭配，就能拼出許多美麗的圖案。童年的生活是單調的，心也很寂寞，但文字拼圖給她帶來的愉悅卻是無以倫比的，就象天空中飛翔的鳥兒，有一雙令它驕傲的翅膀，隨時可以帶它去到遙不可及的地方；又象月光下一隻唱歌的螟蛉，臥在無人看見的草叢中，唱著那首只有它自己才明白的歌。心，就這樣，沉浸在這份孤獨的遊戲中，悄悄地快樂著……

有一段時間，心，愛上了詩歌，總在午夜的星空下，期待那沉鬱動人的步伐，當那充滿韻律的詩的腳步聲在耳畔響起的時候，心就隨著那步伐顫動不已，文字就幫她拼出一幅幅動人的圖畫。那一幅幅圖畫就收藏在心的詩集裏。小小的一冊，蔚藍色的封面，三朵黃色的花。

後來，心開始流浪了。在流浪的歲月，她懂了什麼是人們說的現實，什麼是牛奶麵包的重要。她像很多人那樣，在現實的大樹上找到了一個安穩的巢，她開始真的變成了一隻鳥，每天不停地覓食，不停地孵蛋，不停地圍著大樹操勞。漸漸地，她把文字忘記了，因為一隻鳥，她只要每天自己吃飽，讓家人吃飽，要文字幹什麼呢？

忽然有一天，大樹上一夕之間滿了千年才開的花，心，被那份美徹底震撼，她要尋求表達，尋求對美的讚歎！她想起了文字，想起多年前時刻陪伴在她身邊的那個身影。

"啊，親愛的文字，如今你在哪？"

心，剛剛發出柔情的呼喚，文字竟如那一夕盛開的花朵募然出現！

文字對心說："其實，這麼多年，我一直沒有離開過你，即便是在你完全不在乎我的那些日子，我也悄悄地跟隨著你的足跡。看你快樂的時候，我為你快樂，看你傷心的時候，我也為你流淚。很多時候我給你發出信號，要你重新拾起我，來拼搭你心中的圖案，可是時候沒到，你依然不在意我。"

"哦，現在是時候了！"心無比歡快地說："我真的很高興你沒有離開我！"

"我永遠不會離開你，因為我一直都愛著你，我也會一如既往地愛下去，愛到天荒，愛到地老，愛到天地都廢去……你呢，你也這樣愛我嗎？"

心哭了，對文字說："我不要愛你，也不要被你愛，讓我們彼此愛著吧，即使花朵枯萎，大樹傾倒，我再也不會讓你離開！"

"不，有我陪著你，大樹不會傾倒，花朵常年盛開，所有人都會在你的圖案裏找到他們的感動與快樂。你呢，還是那只幸福的鳥，只是，你的翅膀可以飛得更高！"

心和文字再度相愛，他們的戀情永無止息……

深情如你

最近，我把八十年代拍攝的電視連續劇《紅樓夢》找出來重看一遍，雖然視覺效果依然很好，但感覺還是閱讀文字過癮，這又勾起了我重讀原著的欲望。

從古到今的中國文學作品，曹雪芹的《紅樓夢》是我的最愛，從頭到尾一字不漏認認真真地閱讀，我讀過三遍，曹雪芹親手寫作的前八十回讀過不止三遍，隨性所致，隨手翻閱的章回就不計其數了。有一段時間，《紅樓夢》成了我每天的夜課，睡前讀上一段，仿佛清音盤旋，餘香繚繞。

知道自己，之所以如此喜歡，有兩個原因，第一，是因為作品展現了一個美妙奇幻的女子世界，這在別的文學作品中極其少見，這個世界裏的女子都有一顆純粹的女心。第二，作品還描寫了一個對女心世界如此鍾情，如此深愛，如此體貼，如此疼惜的男人，那個稱女子為"水作的骨肉"的寶玉，這在古今中外的文學作品中更是罕見。而這兩方面，恰恰吻合了我對這個世界的奇想，一顆純美的女心，一個深愛女心的男子。

先來談"女心"。這個詞，我是從胡蘭成的文字裏借來，自己給它賦予了特別的意思。

　　什麼是"女心"？那是一個女子從先天帶來的靈慧氣息和心腸，它看似無蹤無形，卻深藏在女子的秉性當中，女子的柔情、蜜意、良善、悲憫、聰慧、才氣、活潑、靈巧，甚至感懷過敏，憂傷哀憐，全都由此而來，這一切構成了一個充滿靈動，色彩萬千的女子世界，這個世界帶來的純粹、美好是具有絕對震撼力的。然而，女心會失落，會沉睡，會被現實的世界剝奪，正因如此，呈現女心的生命時段是何等美好！

　　《紅樓夢》正是這樣一個女心世界的薈萃：黛玉的靈幻仙才，寶釵的端莊聰慧，湘雲的憨純可愛，妙玉的孤芳幽情，迎春的沉靜悲思，探春的果敢高貴，惜春的心靈手巧，襲人的細膩可人，晴雯的烈性純心，平兒的善解人意，香菱的堪憐詩情……所有這裏的女子儘管性情各異，卻都是那樣心地純粹，楚楚動人，充滿令人歎息的美！

　　瞭解了女心，你就知道了寶玉爲什麼那麼獨特。

　　常聽人說："這個男人對女人見一個愛一個，像賈寶玉！"這句話裏對寶玉的貶低是我不能苟同的，寶玉雖然見一個愛一個，他愛的是那顆純美的女心，因爲他對女心有一份與生俱來的深切瞭解和同情，他對所有具備這顆女心的女子都有一份深情的珍重和疼惜。無論是對與他有著前緣今生的林妹妹，還是和她一直相敬如賓的寶姐姐，以及那個帶髮修行的孤清女子妙玉，或者是襲人、晴雯這些服伺他、守護他的女僕丫鬟，竟至那個只與他有過一面之緣的鄉下紡織女二丫頭，以及在劉姥姥信口胡謅的故事裏那個大雪天從人家屋前抽柴取暖的小狐女，他都有一份尊重，一份憐愛，一份理解，一份心疼。他對這些女子的情，不是濫情，而是對所有女心的一種深情，一種嚮往，一種謳歌，一種讚美！

《紅樓夢》中有很多濫情男子，賈珍，賈璉，薛蟠都是不同程度的濫情男子，現實世界裏的濫情男子更是比比皆是，與他們那樣猥褻、污濁、玩弄、霸佔的獸情比起來，你不覺得寶玉的情，是何等乾淨磊落，超凡動人嗎？

在所有與寶玉有情感糾葛的女子當中，寶玉最深情愛戀的人是黛玉，書中許許多多的細節都在寫他倆人之間的情，是一種不可理喻，無從解釋的情，又是至深至愛，無從取代的情，連作者自己都只能把它歸結爲前世的緣。

黛玉十歲左右來到賈府寄居，那時候寶玉也只有十一歲，兩個孩子，兩小無猜，整天一桌吃飯，一床睡覺，無拘無束，吵吵鬧鬧地長大。人世間，可以和一個人共用和分擔所有成長的記憶，這份感情是別人無法取代的，這就是幾年以後才到來的寶釵永遠的遺憾。那時候他們已經長大，開始有了男女意識，行爲規範開始受到約束，他和寶釵不再有兩小無猜的機會，儘管寶釵也非常希望參與到這份親密中去，作品中很多地方寫到，每次寶玉和黛玉打打鬧鬧的時候，寶釵總會走來，也想介入，可是她一出現，每個人都變得正經八百起來，一切都變了味，寶釵大概自己也明白，她和寶玉之間永遠也不會有寶玉和黛玉那樣的親密，這是她心頭抹不去的悲哀。

寶玉對黛玉的深情，還表現在他無微不至地在乎著，體貼著黛玉的一舉一動，黛玉走多了路，他怕她累著；別人說錯了話，他怕黛玉惱，為她擔著心；黛玉吃過飯馬上睡午覺，他怕她消化不好，挖空心思想出笑話來跟她混鬧；黛玉傷心哭泣，他更是妹妹長、妹妹短地賠情求饒。寶玉是個大方的人，他腰上戴的各種東西，扇子、荷包、配飾、掛件，別人要，他都給，惟有林妹妹給他繡的荷包他怕人拿走，放在貼身處，小心翼翼地珍藏。 這個細節著實令人感動，一段情深到一個地步就是這樣與眾不同，所有的珍愛和疼惜都在裏面。

黛玉呢，她也是深愛著寶玉。年輕時候不懂黛玉，覺得她太任性，太小心眼，現在卻覺得她的美十分讓人疼愛。她對寶玉的感情不摻任何雜質，流淚也好，生氣也好，都是為情委屈，她的感情是“寧為玉碎”的感情啊，純粹到一個地步叫人心痛，對她來說，感情若不純粹，她寧可全部毀掉！我以為這也是寶玉深愛她的原因，他深懂林妹妹的心。

寶玉和黛玉在一起似乎總有鬧不完的彆扭，這是感情至深的明證，鬧彆扭其實是一個不斷證明感情的過程，這個過程其實也是帶來甜蜜和幸福的過程，他們倆無論是在話嘮的時候，任性的時候，開心的時候，傷痛的時候，都在體會彼此的心，也都在表明自己對對方的心跡。倆人鬧得最厲害的一次，寶玉終於對黛玉說，你不要老是懷疑這個，懷疑那個，"弱水三千，我只取一瓢飲"。這是寶玉講出的一句最重的話，也是他心念最深的表達。按理，黛玉應該放心了，可是她就是沒法放心，她依然時時為情所傷，似乎冥冥中她就知道，她的愛無法在現世裏完成，而她本來也不是為著完成而來，她只是來還債，還一份前世欠下的情。

作品中寫到，在前世，一株絳珠仙草，乾渴致死，是神瑛伺者用甘露每天澆灌，使那棵仙草起死回生。後來神瑛伺者下凡投胎，成了銜玉而生的賈寶玉，仙草亦隨之來到人間，變作了以淚還情的林黛玉，她來，是為了報恩，為了用一生的眼淚償還澆灌的恩情。因著這樣的前緣，他們倆個中間註定了有著一種難以割捨的感情連接，這份連接，不會被現世的任何東西阻隔，卻也不會在現世裏得到成全，因為那本來就是一份不屬於這個世界的仙緣。

因為不屬於這個世界，所以也無法在現實的關係中找到方式來定格，這份情感是現世中的關係無法取代的，包括婚姻，婚姻也許是人世間的一個規則，可是裏面不一定有像寶玉和黛玉那樣完全的親密，純粹的深情。他們的情感最後沒有結局是一個遺憾，然而，感情到了這個地步，它本身已經是一種完成。寶釵用了各種辦法，終於嫁給了寶玉，得到了婚姻上的完成，可她的遺憾是，她永遠沒法取代寶玉心中的那個人。

此刻，我終於理解了曹雪芹的一個心念，他的整部《紅樓夢》都在表達一種懷念，懷念純美的女心，懷念深愛女心的男子，我一開始就說過，這也是我對這個世界的奇想，假若這個世界真還保存著這兩方面的美，也不枉在這世上活過一生，因為深情如你，竟可以讓女心在生命中綻放出如花的美麗，深情如你，亦能用全心的溫柔與呵護去疼惜你生命中的最愛，如此來看，曹雪芹的夢幻並沒有消泯，我的奇想也沒有落空啊！

奧非爾的愛

這是希臘神話中一個憂傷之極的故事。

半人半神的奧非爾有著極高的音樂天賦，他吹的笛聲使動物翩然起舞，使花木繁茂盛開，使所有聽見的人心馳神往。

奧非爾和美麗的尤瑞蒂絲相愛了，他們兩情纏綿，彼此愛戀，奧非爾時時用他充滿魔力的笛聲，表達著對愛人由衷的眷戀。

就在他們準備結婚的那一天，尤瑞蒂絲采花時被毒蛇咬傷，那毒實在太甚，她終於離開了她最心愛的人下到了陰間。

奧非爾痛不欲生，吹著他的笛子在地上游走，他想用笛聲再次喚回他的愛人，他悲傷欲絕的笛聲使所有聽見的人為之動容！

終於，管轄陰間的神上來對他說：“以前從沒有過先例，死了的人還能從陰間回去，只因你的笛聲太過震撼，我們決定將尤瑞蒂絲歸還你。但是有一個條件，你來地下接她上去的時候，只能用你的笛聲引領她，千萬不能回頭看她，直到你升上地面之後，否則，她再也無法上去，你將永遠失去她。”

奧非爾欣喜若狂，他按照吩咐來到地下，用充滿柔情蜜意的笛聲引領著親愛的人往地面上走。那條通向地面的路漆黑而漫長，他看不見愛人，也不知道她是否真的跟在後面，多少日子的離別，多少日子的思念，愛戀和難忍在他心頭積壓，就在他即將走出洞口的一剎那，他實在忍耐不住，回頭看了一眼。就這一眼，他看見他朝思暮念的尤瑞蒂絲向他伸出絕望的手，他聽見她的唇齒間剝落一句傷心欲絕的話："親愛的，永別了……" 隨後，那個美麗的身影漸漸遠去，重新飄回到地的深處……

可憐的奧非爾，最終失去了生命中的所愛，只因情之太深，愛之太切！六百年前，一位義大利作曲家蒙特維爾蒂，將這個神話故事譜寫成歷史上第一部歌劇，拉開了現代音樂的序幕。

我的愛人將永葆青春

希臘神話充滿著人間的哲理與悲情。

讓我再講一個其中的故事給你聽。

一位天上的女神愛上了一個地上的男子，女神對男子說：「除了我不能把你變成神以外，其他的心願我都能滿足你。」這位地上的男子也深愛著女神，希望和她在一起，永遠相守。於是他說：「你是神，可以長生不死，請你也讓我長生不死，我們的愛就可以地久天長！」女神滿足了男子的心願，賜給了他永遠的壽數。

可是，這位男子在提出心願的時候，忘了同時再要一樣東西，那就是永遠的青春。他雖然擁有了長生不死，但隨著時間的消逝，他的青春漸漸離他而去，他的朝氣，他的活力都消耗殆盡，他最終只能整天躺在床上，看得見愛人就在身邊，卻連抬手的力氣都沒有，這是何等悲涼的一幕，他永遠不死，卻永遠衰弱下去！

想起《聖經——傳道書》裏所羅門的名言：

凡事都有定期，

天下萬務都有定時。

生有時，死有時，

栽種有時，拔出栽種的也有時；

殺戮有時，醫治有時，

拆毀有時，建造有時；

哭有時，笑有時，

哀慟有時，跳舞有時；

…………

尋找有時，失落有時，

保守有時，捨棄有時；

撕裂有時，縫補有時，

靜默有時，言語有時；

喜愛有時，恨惡有時，

爭戰有時，和好有時。

上帝創造萬物，各按其時，成為美好，有些規律，人是不可逾越的。

人都指望長生不老，可是沒有了青春的朝氣，沒有了生命的活力，永遠的壽數，又值幾何？

　　還要提醒那些過生日，吹蠟燭的孩子們，千萬要謹慎，不可妄求心願的實現，有時候，一個心願的滿足，會讓你悲劇一生！

　　就在我沉浸在這個不可遏止的悲情中冥想的時候，遙遠處傳來七夕中鵲橋愛語的低吟，我忽然明白了，雖然現實中的人生，真的就如希臘神話故事所體現的這份殘酷悲情，以上的三個方面也是你可以從中得出的三個寓意，但人類的智慧，總能找到某種超越的方式存留美，莎士比亞十四行詩中的一句是我的深愛：

　　我的愛人將在我的詩篇中永葆青春！

生死相隨

一個週六的上午，只有我和大女兒在家，屋子裏顯得極其安靜。我坐在電腦前，望著螢幕，想寫點什麼。

女兒開始彈鋼琴，又是《卡儂》！不知爲什麼，最近總是聽到卡儂，女兒常在家裏彈奏這首練習曲；有一回去朋友家，主人正在電腦上製作一個影集，用的背景音樂是卡儂；還有一次，去餐廳吃飯，一位吉他歌手彈的吉他曲竟也是卡儂！這旋律，每回都喚醒我的情感，勾起我的憂傷，讓我的心再度爲著一個久遠的故事發出深深的慨歎！

一百多年前，在英國一個偏僻鄉村，一位教堂的牧師收養了一個德國來的流浪孤兒，這孩子名叫帕赫貝爾。帕赫貝爾十幾歲，因戰亂失去雙親，他的聰明，卻使他在跟著牧師的日子裏，很快學會了彈奏鋼琴，沒過幾年，他就可以在主日敬拜的時候獨自演奏鋼琴。

教堂邊的小鎮上住著一個女孩，名叫芭芭拉，她家境富裕，容貌美麗，是許多年輕人仰慕的物件。芭芭拉第一次在教堂裏聽帕赫貝爾彈奏鋼琴，就情不自禁地愛上了他。可她不好意思向他表白，就找了個理由，說要跟帕赫貝爾學習彈鋼琴，帕赫貝爾當然很高興收下這個學生，他盡自己所能地教導她。可芭芭拉的目的不是學琴，所以也幾乎不把精力花在學琴上，爲此遭到帕赫貝爾一再的責備，芭芭拉心裏委屈，卻又不敢說。終於有一天，老師對她說："你走吧，你真的不適合彈鋼琴，你也不喜歡鋼琴。"芭芭拉無奈地離去。可她心裏發誓說她回家一定要好好練琴，半年以後拿到本地鋼琴比賽第一名！芭芭拉回家後果然勤學苦練，終於在半年後的比賽中獲獎。當她捧著獎盃去找帕赫貝爾的時候，她的老師、她心目中的戀人已經被徵召入伍，奔赴前線了。

芭芭拉立定心意要等他回來，整整三年的時間，這期間，村長的兒子看上了她，但他知道芭芭拉已經心有所屬，他叫人從前線運回來一具模糊難辯的屍體，聲稱是帕赫貝爾。芭芭拉信以爲真，撲在屍體上痛哭了三天三夜，之後的那個夜晚，芭芭拉來到帕赫貝爾教她彈鋼琴的教堂裏，她坐在鋼琴邊無意識地彈著那些琴鍵，整整彈了一個晚上。凌晨的時候，有人發現她在鋼琴旁，割腕自盡了……

帕赫貝爾是在把芭芭拉"趕走"之後的半年裏，才忽然體會到了自己的感情，他覺得他的心空了，有芭芭拉在身邊的日子，他有多少開心暢快的笑，如今她不在了，他連笑都很少了。世間許多時候都是這樣，直到失去了才知道何等寶貴。他決定要去找芭芭拉，向她求婚，並決定寫一首歌，作爲求婚的禮物獻給芭芭拉。在他完成《卡儂》三分之一的時候，他被徵兵入伍。戰亂生涯，九死一生，他是在對芭芭拉的日夜思念中度過了爭戰的歲月。在那些日子裏，他又完成了《卡儂》的三分之二。

在芭芭拉自殺後的第二個月，帕赫貝爾回到了村裏，他從村民口中得知了一切，實在無法克制自己的悲傷，咆哮著，放聲痛哭。那之後，他把自己關在小教堂裏，與世隔絕，直到將《卡儂》全部完成。

一個禮拜日，帕赫貝爾將周圍鎮上的居民全部召聚到小教堂中，他端坐在鋼琴前，強忍淚水，彈出了整首《卡儂》樂曲。在場的所有人都被音樂深深打動，許多人已是泣不成聲。人們隱約覺得那旋律似曾相識，在芭芭拉彌留世上的最後一夜，小教堂裏傳出的音樂聲就是這樣婉轉纏綿，催人淚下的啊！帕赫貝爾演奏完《卡儂》的那天晚上，當人們都散去之後，他在小教堂的鋼琴邊，以同樣割腕的方式結束了自己的生命。

哦，這就是卡儂的故事。卡儂的旋律並不複雜，婉轉的曲調充滿憂傷。女兒一遍一遍地彈著，我一遍一遍地聽著，淚水早已濕潤了眼眶。可聽著聽著，在那無盡的憂傷之外，我還聽到了什麼？為什麼曲調裏還有一種微笑？一種盼望？一種來自天堂的安寧？帕赫貝爾，你是已經在憂傷中預知了自己幸福的結局嗎？

聽，卡儂的兩個聲部，一個緊緊追隨著另一個，不斷重複同一個主題，像一對生死相依的戀人，不離不棄，永遠相隨。是的，帕赫貝爾知道他的去處，他要追隨他的愛人，在天堂的光輝中，倆人相擁相守，永不分離！他就這樣，用音樂中二十八度的輪迴，表達著生死相戀的主題，訴說著悲痛之後的平安，憂傷之後的欣慰，陰霾之後的光明，暴雨之後的晴空萬里……

享有你到永遠

Canon

Because of you

We stay together

Always love you

Enjoy you forever

《卡儂》中有四句簡單的歌詞：

"Because of you ／We stay together／Always love you ／Enjoy you forever。"

這四句歌詞中最難譯成中文的是 "enjoy" 這個字，這個字通常是 "享受" 的意思，享受一頓精美的晚餐可以用這個字，享受一段愉快的假日可以用這個字，喜歡一個人，願意和他常在一起也可以用這個字，但這個時候，把這個字譯成 "享受" 就有一點兒不妥，我想，是不是譯成 "享有" 更好呢？

"享有" 不是 "享受"，享受注重一個 "受" 字，享受完之後你可以毫不介意地離開，不需要有任何感情的投入；"享有" 是你享受了之後願意付出代價，去得著並保留那份美麗的牽掛。

　　"享有"又不是"擁有"，"享有"比"擁有"心界更寬，陽光、空氣、雨水，你只能享有，不能擁有；一個可愛的人，一段幸福的感情，用享有的心去面對，去體會，比你想千方百計去擁有更加令人陶醉。確的心態去珍惜？

　　"因爲你／我們在一起／愛你的心不變／享有你到永遠……"

❧ 歌中的情愫

神州合唱團 2012 年年度演唱會曲目介紹之一

神州合唱團

　　2012 年是我生命中不尋常的一年，發生許多事，喚起許多美麗的回憶，許多難忘的瞬間，許多對人生的領悟和感恩。正想著如何能夠用文字把這些思緒表達出來，忽然看到了今年我們達拉斯神州合唱團要演唱的曲目，心念一動，這些歌，好像每一首都與我的心聲有所關聯，每一首仿佛都能牽動心湖裏的那片漣漪，在無人知曉的空間裏發出幽幽回聲。哦，不如把它寫出來，讓更多人來體會這份美，體會歌聲中的浪漫情愫，體會音樂對靈魂的洗禮與激蕩，體會在人生命中另一個超越的空間裏，那個永不消逝的愛的音符。

第一首我要提到的曲目是《花兒與少年》。"花兒"，是一種民間小調的曲名，流傳在青海海東一帶，早年花兒的曲調淒美、深情，配上樸實無華、發自肺腑的歌詞，聽來九曲回腸，令人動容。《花兒與少年》最早是"西北花兒王"朱仲祿先生譜寫的一首曲子，他一反"花兒"中淒涼哀怨的老調子，代之以活潑輕快的旋律，唱出了西北少年與純情少女青春的朝氣和美麗的愛情。

"花兒為王的紅牡丹，紅牡丹它開在春天。"春天裏的愛情就如紅牡丹一樣，在一眼望不盡的大草原裏自由開放，那份奪人的美，怎不叫人流連？

"阿妹是才開的紅牡丹，阿哥是春天的少年！"這樣充滿浪漫激情的歌詞，是否令你懷念起你的少年時代，懷念起你的初戀，懷念起那個遙遠的年代，悄悄開放在你心中的愛情？

《東方之珠》是羅大佑作詞作曲的一首現代流行歌曲，配上四部和聲，唱出了一個民族五千年歷史的滄桑，唱出了蒼涼的胸膛在崛起中的自豪。哦，東方之珠，你真的是代表著這個民族的驕傲嗎？

而我對這首歌有特別的感動，是因為五月的一個經歷。兩百多人的同學聚會，兩百多顆心的感動，在最後那個燈影交錯的歌舞之夜，我聽到一首歌，也留下一首歌，而《東方之珠》就穿插在那天的歌海裏，看到它，耳邊就響起那首歌的旋律，眼前就浮現出燈影中的人。是的，當我們對一首歌有特別的感動，那可能是因為這首歌伴隨著一段令你難忘的記憶，而每一次與合唱團一起練唱《東方之珠》，都將我的思緒帶到那個五月的夢徊。

這次演唱會的曲目中，還有兩首異域民歌，一首是墨西哥民間歌曲《小燕子》，還有一首日本民歌《紅蜻蜓》。這兩首歌都有很強烈的懷舊情調，唱來令人傷感。

那只急急忙忙在天空裏飛來飛去的小燕子，它在尋找它的家，它那可愛的老巢裏，還有三隻嗷嗷待哺的小燕。可它再也找不到它的家了，它的家已經被人搗毀，可憐的燕子，它只好流浪，只好寂寞、淒涼！哦，這歌，不正是藉著小燕子隱喻那些流離失所的人們，他們的家已被拆毀，他們到哪里去尋找安歇之地！

"晚霞中的紅蜻蜓，請你告訴我，童年時代遇到你，是在哪一天……"這是《紅蜻蜓》中的頭兩句歌詞，我第一次看到，眼裏竟流出淚來。驚悚地發現，記憶的口袋撕開了一角，我想起童年時代的水田，池塘，和一望無際開滿油菜花的田野，那上面有上下翻飛的紅蜻蜓，還有田野間跳躍著的身影，那份牽掛是否要伴人一世的光陰？童年的夢幻，會在生命中打下永遠的烙印，隨著人漸漸長大，你以爲你已經忘記，可當某個時刻來臨，所有一切又都呈現如起初的那片陽光。當《紅蜻蜓》這首歌以它憂鬱、淒迷的歌詞旋律在耳畔迴旋的時候，心中一縷情絲開始幽幽蔓延，知道生命中有些東西是可以存到永遠的。

我要再次提到《再別康橋》，這是一首極美的藝術歌曲，是根據徐志摩的詩《再別康橋》改編而成。關於徐志摩這首詩的來龍去脈，我在另一篇文章《康橋遺夢》中有詳細的敍述，康河上那一座座充滿靈性的小石橋，見證著詩人當年美麗的愛之夢，可這夢終於遺落，遺落在默然無語的康橋上，遺落在悄悄別離的笙簫中，詩人輕輕揮了揮衣袖，沒有帶走一片雲彩，就消失在永恆無限的天光中。徐志摩是在一場空難中離開這個世界，走的時候年僅 32 歲。

結合詩人的背景，再來唱《再別康橋》這首歌，心裏纏綿悱惻，有種無法釋懷的憂傷，一種純粹的柔情， 一種毀滅性的美，一種不屬於這個世界的愛，你去體會，那歌裏都有淋漓盡致的表達。"悄悄的我走了，正如我悄的來……"哦，什麼時候你又會悄悄地來，來赴那彩虹的約定，來完成生命中持守的期待？

所有這些中文歌曲中，最喜歡這首混聲合唱的

《大漠之夜》，一開始的悠長曲調，就展現出空間的寥廓，整首歌曲的音樂是這樣坦然、飽滿，又是超凡、淡泊。隨著合唱聲部次第加入，一幅大漠之夜的壯闊圖景浮現眼前：浩瀚的夜空，寂寥的沙漠，一隊駱駝伴著歌聲遠遠走來，一步一步艱難地跋涉。接著聲部交替穿插，音調體現出含蓄的激情，執著而又深沉。之後，音樂遠去，消失在大漠的夜色之中，令人產生無邊的遐想，那一隊駱駝，在另一度的大漠空間裏，依舊跋涉、跋涉……

這首歌給我帶來極大的震撼，歌中表達的堅忍和執著，喚起了我心中一股強大的力量。生命中多少時候我們會面臨難處，然而，又有多少時候我們放棄了執著？遙遠處，有人依然執著，給我傳達著生命的能量，是的，不管道路是多麼漫長，多麼坎坷，像駱駝那樣，無怨無悔地馱著憧憬，在希望中一步一步艱難地跋涉，黑夜終究要過去，金色的曙光會在不遠處迎接我們！

為什麼人們喜歡聽歌，喜歡唱歌？就因為歌中常常蘊涵著某種美善的情愫，牽動人的心，喚起人心裏的某種激情，它有時候令你欣喜，有時候讓你感傷，有時候又使你的生命得到激勵！生活，並不只是每天的油鹽醬醋，生命，也不只是反復的一日三餐，朋友們，到歌裏來體會某種超越吧，很多時候，我們的生命是需要超越的！

這次演唱會的曲目中還有幾首極其美妙的英文歌曲：《The Star Spangled Banner》、《An American Tribute》、《Gabriel's Oboe》、《Sure On This Shining Night》、《Every time I Feel The Spirit》，還需另外著文介紹。

來吧，朋友們！不要錯過了這次演唱會，它將會帶給你生命中難忘的一瞬！

後記：

這篇文章原是爲我參與的達拉斯神州合唱團一年一度的演唱會而作的一篇宣傳性文章，當地華文報紙有刊載，演唱會已於 2012 年 10 月 27 日圓滿舉行。那晚，站在舞臺上，一首一首唱著這些早已練熟的歌曲，心，還是被歌中的情愫深深打動，相信我的朋友們定會與我有共鳴。

❧ 因著聖者的光芒,你不必情傷

神州合唱團2013年年度演唱會曲目介紹之二

達拉斯神州合唱團一年一度的演唱會即將來臨,要我寫一篇演唱會的曲目介紹,翻開歌譜,一首首熟悉的旋律如清幽的溪流,在耳際流淌,把我的心帶到一個悠遠寧靜的地方,開始體會歌中的情愫,開始演繹人生的故事。是的,將這些中文的、英文的歌曲曲目合在一起,我看見了什麼?我看見,大江大海中奔騰歷史的縮影,看見芸芸眾生中一個小小生命的歷程!哦,讓我編一個故事給你聽。

年輕的他,在火把節的夜晚,看上了美麗她,他們相愛了。"姑娘在火把下跳舞,彩裙翩翩如鮮花。小夥在火把下彈琴,琴弦說出知心話。"(《火把節的歡樂》)

他們來到葡萄園,在迷蒙的月光下,彼此傾心吐意。"葡萄樹葉搖動著思念,……告訴我,告訴我,愛會描出最美的畫。"(《葡萄園夜曲》)

他們來到高崗上,看見綿綿青山橫亙百里,他們發誓他們的愛情也將永遠綿長。(《站在高崗上》)

哦,如果時光就此停留在這一刻多好!可命運卻總是令人惆悵!不幸的事終於發生,戰爭中小夥子被充軍，離鄉背井，與心上人各分東西，他只能在夜深人靜的時候懷念那遙遠的地方，懷念他心愛的姑娘。在殘酷的炮火與死亡面前，那只不過是一個牧歌式的夢想啊，在記憶深處純美地、虛幻地飄蕩！"我願做一隻小羊，跟在她身旁，我願她拿著細細的皮鞭，永遠輕輕地打在我身上……"（《在那遙遠的地方》）

而留在家鄉的那位姑娘，每天以淚洗面，在一份不了情中虛度時光，回憶著心上人的英容笑貌，"忘不了，忘不了，忘不了你的淚，忘不了你的笑，忘不了雨中的散步，也忘不了那風中的擁抱。"（《不了情》）可一切都不能重來，"寂寞的長巷，而今斜月清照，冷落的秋千，而今迎風飄搖。"（《不了情》）

這樣的日子何時是個盡頭？可戰爭居然持續了8年，青春在離亂中消逝地如此之快，姑娘的淚光，柔弱中帶傷，她每天守著慘白的月亮，盼望親愛的人早日歸還。可那個她始終念念不忘的身影卻再也沒有回來。"花已向晚，飄落了燦爛，凋謝的世道上，命運不堪。……雨輕輕彈，朱紅色的窗，我一生在紙上，被風吹亂。"（《菊花台》）

她哪里知道，戰爭結束，小夥子沒能回到家鄉，卻不得已去了海峽的對岸，在那個陌生的寄居地，他也是感懷難忘，"忘不了春已盡，忘不了花已老，忘

不了離別的滋味，忘不了相思的苦惱。"（《不了情》）

可一切又能怎樣呢？時光流逝，歲月無痕，只落得"菊花殘，滿地傷，你的笑容已泛黃，花落人斷腸……北風亂，夜未央，你的影子剪不斷，徒留我孤單在湖面成雙。"（《菊花台》

經歷過年輕熱烈的愛情，又經歷戰爭離亂的傷心，生離死別的慘痛，人生無奈的悲涼，這樣的絕望，情何以堪！ 如果這就是人生的結局，人活一世又有什麼意義呢？然而，在人生盡頭之處，有啟示從天而降，當聖者之光照臨大地的時候，人心重歸靜好，生之希望驟然升起，"聖者，聖者，聖者萬有之主，你的榮耀充滿天地，歡呼之聲響徹雲霄。Sanctus dominus ,deus.Plenisunt coelietterra. Hosanna in excelsis.（《聖者》Sanctus）

原來，這宇宙間有一位滿有慈愛的創造主，他造天造地，造了我們這些卑微的人，那綠樹紅花，藍天白雲，都是他愛的彰顯，多麼美好的世界，聖者之愛居住期間！ "I see trees of green,red roses too……I see skies of blue and clouds of white ……What a wonderful world!"(《世界多美好》What a wonderful world)

然而，人卻選擇犯罪，不遵從天父的命令，以至於世間充滿罪孽！戰爭，離亂，悲傷……這一切的苦難皆因人的罪，當我們遠離聖者，偏行己路，爲著一己之利，一黨之利，一國之利出賣靈魂，互相爭鬥的時候，苦難就來臨，國家民族的悲劇終將以個人的悲劇展現無疑。哦，回歸吧，有聲音在呼喚，回歸聖者的懷抱，回歸聖者指引的道路，要讓地球上有平安，先讓我們自己的內心有平安！當聖者成爲我們的天父，我們彼此就都成了相親相愛的弟兄，地球上再也沒有戰爭，沒有離亂，陪伴在身邊的只有弟兄，只有親人，相愛的人也將沒有阻隔，永遠團圓！這是多麼美妙的圖畫，這是永遠的平安！"Let there be peace on earth and let it begin with me.With God as our father,brothers all are we.Let me walk with my brother in perfect harmony."（《願世界充滿和平》Let there be peace on earth）

可是我們這樣不潔淨的人如何才能回到聖潔天父的懷抱啊？ 看呐，那位聖者，已經爲我們預備了除去罪孽的羔羊，主耶穌的血已經爲我們流在了十字架上，來到他面前悔罪吧，藉著他，我們才可以重新與天父恢復美好的關係，因爲他是唯一的道路、真理和生命！"慈悲憐憫的耶穌，慈悲憐憫的耶穌，讓他們得安息，讓他們的安息！神的羔羊，神的羔羊，讓他們得安息，讓他們得安息！ Pie Jesu, Pie Jesu, Qui tollis peccate mundi,Dona eis requim. Agnus Dei,Agnus Dei, Qui tollis peccate mundi,Dona eis requim."（《慈悲憐憫的耶穌》Pie Jesu）

就這樣，故事中的姑娘和小夥，他們分別在不同的地方接受了聖者恩光的照耀，接受了耶穌作他們生命的救主。他們從個人卑微的生命開始回轉，轉回天父的懷抱，在人生的苦難中，他們來到聖者面前安然等候，靜心祈禱：

"我的靈魂啊，請安靜，主在你的身邊！請耐心地背著你痛苦憂傷的十字架，將一切交托給供應你的神，不管環境如何變遷，他的信實永遠長存！

我的靈魂啊，請安靜，就連海上的風浪都知道，他從天而降，他的聲音統治萬方。

當我跌到，我的靈如此疲憊，當苦難來臨，我的心沉重難耐，我只有默然無語，安靜等待，直到他來，坐在我的身邊。

你高舉我，使我能立于高山之巔，你高舉我，使我能行駛於暴風雨的海面。我強健，因我倚靠著你的膀臂，你高舉我，使我遠超過我所能！

沒有一個生命不是空虛饑渴，每一顆不安的心都跳動得如此殘缺。但當他來臨，我的心便滿了驚喜，有時候我以為，我在一瞬間窺視了永恆。

你高舉我，使我能立于高山之巔，你高舉我，使我能行駛於暴風雨的海面。我強健，因我倚靠著你的膀臂，你高舉我，使我遠超過我所能！"（《你高舉

我》You Raise Me Up 全文翻譯）

是啊，個人的生命是多麼渺小卑微，若沒有那位聖者，我們不過是行將就木的人，然而當我們與他有了連接，我們就與永恆的源頭有了連接，因著他，我們的所行遠超過我們所能！我們先改變我們自己，我們就能改變世界！

不管你相信不相信，我們的男女主人公最終有了一個圓滿的結局，在他們人生暮年的時候，他們分別來到美國，來到德克薩斯州這西部牛仔的故鄉，歲月使他們容顏蒼老，時光卻將他們的愛情磨礪得更加閃閃發光，尤其是信仰的生命讓他們成為愛的見證，他們參與各樣的公益，為地球的平安奉獻著他們力所能及的力量。最有趣的是，他們一同參加了神州合唱團，兩年前在維也納金色大廳裏演唱了那首著名的西部歌曲《西部老歌聯唱（Old West Medley）》，當他們將頭上的牛仔帽瀟灑地揚起在空中，人們不再為他們的故事感到情傷，人們感受到的，是一個熱烈、激昂，充滿喜樂和豪放的生命！如果你沒能在金色大廳觀看他們的演出，那麼今年的演唱會將會給你機會再睹西部牛仔的風采，你會為從前的姑娘和小夥兒加油鼓掌！

故事是我編的，一切卻是出自聖者之手，讓我們來敬拜讚美他！

爲你獻上一首歌

慶祝神州合唱團年度音樂會圓滿成功之三

金秋十月，迎來了神州合唱團第十八個年度的音樂演唱會。演唱會於上週六在卡斯特路衛理公會大教堂舉行。七點不到，前往觀看的人們陸續走進教堂，臺上金碧輝煌的管風琴帶給人們莊嚴肅穆的氣氛，人們在座位上安靜等候，等候一場豐盛美妙的音樂盛宴即將開始。

七點整，團長路平女士代表合唱團向觀眾致以熱情洋溢的開幕詞，接著，音樂會在一首《願世界充滿和平》的合唱聲中拉開了序幕，"願世界充滿和平，願和平從我開始"，這真誠的歌聲，表達著人們內心深處的呼喚，在教堂大廳裏迴旋繚繞，給聽眾帶來無比的欣慰和希望。

接下來的兩曲，從法國作曲家加布裏耶.弗雷的《安魂曲》中摘選的《聖者》和《慈悲憐憫的耶穌》，更以它悠然典雅的音樂氣氛，溫柔寬廣的神性胸懷，深深打動著在場每一位觀眾的心。尤其是合唱團的獨唱演員劉香女士，以她那仿佛天使般的嗓音，將一首《慈悲憐憫的耶穌》唱得如此婉轉動人，讓人心中生出對天堂永恆的盼望！身爲基督徒的劉香女士上臺之前還在爲著音樂會和自己的演唱迫切禱告，此刻她的心中充滿感恩！之後的一首《世界多美好》，加入了大提琴家蘇勤女士的大提琴獨奏，使這首原本是爵士風格的歌曲，頓時增添了深厚豐滿的內涵。這首歌傳達出的一個深刻含義是：世界多美好！即使處在苦難中的人們，也能發出這樣的讚歎，生命的能量是多麼不可思議！

幾首英文歌曲唱完之後，接下來是膾炙人口的中文歌曲《在那遙遠的地方》、《站在高崗上》、《菊花台》，這些歌曲無論是柔情百轉，還是鏗鏘高昂，或是淒涼悲愴，合唱團在指揮劉老師富有激情的準確帶領下，皆能以變化的方式，演唱出歌曲的精髓，這份功力非一日之寒，而是多年苦練的結果。

這次演唱會最令人驚喜的，是加入了“韓裔少年合唱團”小朋友們的表演。金世元女士既是神州合唱團的鋼琴伴奏，又是“韓裔少年合唱團”的指揮，這次，她帶領韓裔小朋友給觀眾獻上一曲朝鮮民族經典曲牌《阿裏郎》，以及另一曲《美麗的景福宮》，這兩首曲子都蘊含著強烈的民族色彩，優美動人，給觀眾留下難忘的印象。韓曲之後，是神州華韻樂社的民樂合奏：《荷塘月色》、《繡荷包》。這兩首樂曲都是由上海歌劇院民樂團琵琶表演家吳文先生親自來達拉斯編導，華韻樂社成員雖然都是業餘選手，但他們對音樂的激情，催動著演奏的靈感，樂曲被他們表演得美輪美奐，婉轉迷人，喚起人們對美好生活的憧憬，和對美麗愛情的無限嚮往！神州合唱團男高音謝右安先生雖是一位業餘歌手，卻在早年師從上海歌劇院導師廖一鳴教授學習美聲和咽音唱法，這次演唱會他獻給觀眾的兩首普契尼的歌劇唱段《請你相信我》和《永別了，愛戀的家》，充分展示了他嗓音的魅力，獲得觀眾極大喝彩。歌劇獨唱之後的女聲小合唱《葡萄園之夜》和男聲小合唱《重歸蘇蓮托》，均以女聲和男聲的不同風格，唱出了田園般的詩意和夢幻似的愛情，不禁勾起人們對往事飄渺地回憶，以及對生命浪漫的遐想……

演唱會的下半場是四首風格各異的合唱歌曲：《西部老歌聯唱》、《不了情》、《火把節的歡樂》和《你鼓勵了我（及我靈安寧）》。這四首歌不僅在此次年度音樂會中演唱，還要由合唱團帶往中國福州參加福州大學舉辦的“以歌會友——華人之聲”合唱音樂會。《西部老歌聯唱》堪稱是神州合唱團的標誌性曲目，曾於 2011 年元宵節在維也納金色大廳唱響，這首粗獷豪放，瀟灑俏皮的西部歌曲，充分展示了西部牛仔淳樸渾厚的精神氣息，由身居德克薩斯州的神州團員們唱出，可謂渾然天成，相得益彰。演唱會的壓台曲目是《你鼓勵了我（及我靈安寧）》，韓裔少年合唱團加入了演唱的行列，使得和聲更加豐滿，這是由兩首讚美詩編輯而成的合唱曲，無論是歌詞還是旋律都充滿鼓舞人心的力量，演唱會的最後，由不同族裔的人群，共同發出讚美和激勵人心的歌聲。感動，油然而生，這圖畫多美好！

　　演出結束，觀眾席爆發出持續不斷的掌聲，許多人湧到台前向指揮 Ellie、鋼琴伴奏 Kim、男女獨唱演員、以及自己在合唱團裏的親朋好友獻花，場面及其熱烈。有陌生的觀眾跑到台前告訴指揮，她的心是如何被歌曲感動，以至於好幾次情不自禁流下眼淚。回顧這一切，讓我們再次感受到音樂的魅力，合唱歌曲的震撼力！此刻，想到合唱團的指揮劉哲苑老師，團員們對她充滿感激，劉老師不僅是一位專業精湛，循循善誘的好老師，還富有一顆寬容、恩慈的愛心，她從不苛求指責，總是包涵體諒，團員們練唱時一個笨拙的錯誤，總被她仁慈地一笑而過，受她指揮練唱真是一件開心快樂的事！值得一提的是，在週六下午彩排的時候，團員們在自己的座椅上，每人發現了一頁彩色花信箋，上面用鋼筆寫著每個人的名字，名字下面是劉老師對每個團員寫的感謝語，而每一頁溫暖人心的話語上，都貼著一粒 kiss 巧克力！40 多位團員，40 多頁花信箋，劉老師一筆一畫地寫，一個 kiss，一個 kiss 地貼，用了多少時間？花了多少心血？劉老師說她在寫那些話語的時候，每個人的容貌都在她的腦海裏閃現，那些話不是她隨便寫寫，而是全部都發自她的內心，她說："想到你們，我心裏充滿感恩！我為你們每一個人祈禱……”說到此，劉老師眼眶濕潤了，團員們也幾乎流淚，這麼好的指揮老師，大家向您致敬了！

神州合唱團不知不覺走過了十八個年頭，長長短短的歲月記錄了合唱團的成長，記錄了團員們的艱辛，因著每一位的參與，每一位的付出，才有今天的圓滿，今天的成功。此刻，沉浸在演出圓滿成功的喜悅中，團員們深深體會到，我們每個人的生命，都可以是獻給他人的一首歌，讓我們用心來唱，勤奮來唱，彼此相愛著鼓勵著來唱，要世界充滿和平充滿愛，先從我們開始！

哦，是的，就讓我為你獻上這首歌！

永遠的紅絲帶

飄著紅絲帶的路

　　早上起來，孩子們堅持要上最難的黑道去滑雪，我水準不夠，決定不去跟他們冒險，難得自由行動。

　　上午10點多，我來到山上的服務中心，準備嘗試一樣新玩意：租一雙雪鞋，最好遇見一個團隊，在山裏徒步旅行一天。可服務人員告訴我，前面一個團隊5個人已經出發半小時了，我只能一個人獨行。我問有沒有危險，她說沒有，只要帶上地圖，跟著標記走，不會有危險。她告訴我：「你走的這條路上的標記是紅絲帶，你只要沿著樹上飄著紅絲帶的路前行就沒有錯。」

飄著紅絲帶的路？好美的意象！走還是不走？我猶豫片時，打算還是走，既然沒有危險，何不體驗一份全新的經歷！

穿上雪鞋，手持雪仗，我獨自向山裏進發。徒步旅行和越野滑雪又不同，越野滑雪有較寬的雪道，基本是繞著山勢上去下來。而徒步旅行卻是穿山而過，大部分時候都是在林子深處擇路而走，有時沒有路，你走過，就成了新路。這樣的地方徒步，雪鞋就成了必需品，因為雪鞋觸地面積大，遇到雪深之處腳不會陷進去不可自拔。

就這樣孤身一人往前走，漸漸地，服務中心遠了，纜車絞索的吱嘎聲也聽不見了，只有腳下雪鞋與雪摩擦發出的聲響陪伴著我。我已走入雪山深處。停下來四周看看，驚覺自己走進了一個「千山鳥飛絕，萬徑人蹤滅」的境地！這裏海拔太高，鳥雀飛不上來，而周圍除我之外，真的是杳無人跡。當我停住步伐的時候，腳底不再發出聲響，林子裏寂靜得仿佛可以聽到空氣的顫音！再看眼前景色，只有雪與青松，卻連綿成無邊無際的林海雪原，變幻著層次，變幻著曲線，不論如何變幻，卻還是青松，還是雪！

欣賞了一回美景，拍了幾張照片，繼續往前走。忽然意識到自己光顧貪戀美景，卻是好長時間沒有看到紅絲帶了！又走了一段，還是沒有，我斷定大概是走錯了路，於是返回頭來，朝最後一次看見紅絲帶的地方走。到了那兒，沿著紅絲帶指示的路，走到了一個有岔路的地方停下來，心想：剛才走的那條路沒有紅絲帶，我該朝另一條路走才對。走了一陣，還是沒見紅絲帶，我不敢走遠，又返回。這樣來回幾次我心裏開始絕望了，對自己說：「別往前走了，還是順原路返回吧，這樣至少不會迷路。」可又覺得不甘心，我到底該怎麼辦？

我在岔路口的一個樹椿上坐下來，心裏開始祈禱，我知道任何時候我向他呼求他都會聽見。當我從祈禱中回過神來，忽然眼睛一亮，在離我不遠處的一棵松樹下，有一個凹處，那裏面躺著一條紅絲帶！我的心一陣狂喜，想是那紅絲帶被風吹落，它是不是躺在那裏已寂寞多時？我過去將它拾起來，重新綁回松樹上，這才看見那棵松樹幾尺遠的後面還有一棵松樹，那上面飄著另一條紅絲帶，我剛才怎麼就沒看見呢？

哦，終於又有了前行的方向，紅絲帶帶給我新的希望。不知為什麼，此刻我腦海裏卻浮現出一部年少時看過的日本電影，片名好像叫「老橡樹上的紅絲帶」，高倉健飾演男主角。當他坐牢幾年快要獲得自由的時候，給妻子寫了一封信，說如果她還在等他，就在家門前的老橡樹上綁一條紅絲帶，如果他沒有看見紅絲帶，他就永遠離去，不再打擾她。結果，他朝家走去的時候，遠遠就看見門前那棵老橡樹，那樹上飄滿了一樹的紅絲帶！哦，紅絲帶，那樹上飄著的豈是紅絲帶？是滿滿一樹的愛的等待！年輕時感受還不深，如今看盡人生中的各樣悲歡離合，在滄海桑田的變遷中，這份對生命的持守是何等彌足珍貴！

我要再次感謝我的神，總是在適宜的時候，在我的心中飄起一條紅絲帶，給我指明前行的方向，給我帶來生命的安慰。

哦，紅絲帶，但願你我的心中永遠都飄揚著一條紅絲帶，那是上帝賜給我們的亙古不變的愛！

愛你不悔

突然，我就摔到了地上，感覺左手臂徹底扭了一下，再也沒有知覺。瞬間，腦海裏掠過醫院、手術，和吊著膀臂、打著石膏的情景。我想動一動手臂，卻是劇烈的疼痛刺激著神筋，我不敢再動，仰面躺在雪地上，等待雪場救援人員的到來。

天上飄著細細的雪花，陽光被雲層擋住了一半，另一半的光線將金色的餘輝塗抹在飄舞的雪花上，天空中頓時滿了四處閃爍的水晶，透過水晶，我還能看見湛藍的天上一絲絲柔雲。不知怎的，這份從沒見過的美，一下子抓住了我的心，我的眼裏不知不覺湧出淚來。我知道這淚絕不是因為手臂的疼痛，而是當心被某種溫柔的情境（有時候是一個風景，有時候是一句貼心的話，有時候是一個遙遠的回憶）觸摸的時候，心裏會有一種溫柔的痛楚生出來，變作淚滴，而流出淚來的時候，心卻在微笑。此刻，我的心裏就是洋溢著這樣的笑。

事後回想那個瞬間，我多了一份明白，從前站立著看風景，人和風景是抽離的，你總覺得自己是在欣賞風景，如今無可奈何地躺在風景裏，我感覺自己和風景融為了一體，那是怎樣地一種相融，相融到天、地、我沒有了區別，相融到腦海中所有的意念都化成了空濛，那樣清澈，那樣透明，相融到自己成了風景，被風景擁抱著，欣賞著，一如被愛情愛著，親密著！這份感受多好啊，從前沒有過，將來會不會再有？

仿佛過了很久，又好像只有幾分鐘，有人來到我身邊，問我怎麼啦，我說我手臂摔傷了。他立刻開始打電話，打了幾次都沒通，因為山上信號不強。他對我說："你放輕鬆，別動，我滑下山去找人。記住一定不要亂動啊！"

我說："好，我不動。"其實我也根本動不了。

動不了的我心裏卻滿了感恩，知道上帝一直在照看著我。我想起<聖經>裏耶穌說的話："在這個世界上，你們有苦難，但在我的裏面，你們有平安！"是的，神將他愛世人的心，賜給了這個世界，他將他那永不改變的愛放進了我的心裏，以致於在我遭遇苦難的時候，心裏居然一點沮喪都沒有，反而有那麼大的平安，還有什麼比內心深處的平安更是此刻的我所需要的呢？神啊，我真的感激你，這平安是從你而來的啊，我的好處不在你以外！

有人拖著雪上擔架來到我身邊，他給我看他的名牌，叫傑克，是雪場義務救援隊的。他教我如何小心翼翼地將受傷的手臂移到胸前，幫我用繃帶固定，然後協助我慢慢將身體躺倒在擔架上，最後他用兩床毛毯將我裹好，準備下山。戶外攝氏零下 10 度，傑克是取下手套操作這一切的，我看見他的手凍得發僵。

傑克一邊戴手套一邊說："準備好了嗎？我們可以下去了。記住我的名字，傑克。下山的過程有任何情況你喊我，我就會停下來。"

傑克拖著擔架向山下滑去。因為躺著的姿勢，又因為雪地上的顛簸，我的手臂開始劇痛，為了減輕痛楚，我開始發出聲音。不是叫喊，不是呻吟，是禱告，是高聲的讚美，很快我的手不疼了，心裏再次充滿對神的感恩。醫生說，快樂的心態會讓身體分泌出一種荷爾蒙，幫助人體對抗疼痛和疾病。聖經上說："喜樂的心是良藥，憂傷的靈使骨枯乾。"就在我高聲讚美神的時候，傑克停下來，問我有什麼需要，我說沒有，我只是在禱告，他說好極了，他將雪上擔架的繩索再次扛到肩上，繼續往山下滑去。

到了雪場診所，醫生為我做了仔細的檢查，並從各個角度拍了 X 光片，告訴我骨頭沒斷，只有兩處輕微的骨裂，不需要做手術，慢慢養著，它自己會好起來。這個結果比我以為的好了太多！我所信的上帝是值得稱頌的！

接下來的幾天，我不能再滑雪了，但也再沒有比這幾天更快樂的時光。先生、小叔和孩子們一大早就出去滑雪，直到晚上才回來。我一個人在屋子裏，坐在暖暖的壁爐旁，沒有人打擾，沒有日常瑣事的煩憂，我可以完全沉浸在自己的世界裏，聽著好朋友傳給我的歌，回想著生命中發生的美，任由心的浪漫帶我飛向快樂的顛峰。啊，這樣的時光，好像只有少年時代才有過。那幾天，居然久違的詩情也再次慰臨我，令我在冰封雪飄的日子，寫出一首首溫情滿溢的詩篇來！

哦，生命的故事真的是不可預料，我仍舊只能說感謝上帝，在今生的生命裏，他為我預備了愛，預備了苦難中的安慰，還預備了永生，我問自己，當我熱愛著上帝一切創造的時候，我是否全身心地熱愛著上帝自己？此刻，我心裏發出熱切的呼喚：主啊，讓我愛你，讓你成為我生命中的最愛！

好朋友問我：“滑雪，摔得這麼重，後悔不？以後還滑不？”

想到從五千米的高山上蜿蜒而下，一路是看不完的迤邐風景，人像插上了飛翔的翅膀，那份自由的享受真的是無以倫比！這次摔跤，也是學一個功課，付一次代價，為的是將來滑得更好。

於是我回答說：“手好了還滑，不後悔！一如愛，就永不後悔！”

我啊我 愛你一生

回憶80年代夏雨詩社

2013年3月中旬，我正在加利福尼亞雪山上陪孩子們滑雪度春假，忽然看到查建渝老師的一條微信，邀我加入"夏雨詩節"微信小組，並說："趕快回憶，提供資訊！"當時我還不明就裏，但猜到一定是寫夏雨詩社的回憶文章，查老師把前一天詩節籌備組的第一次會議簡要發給了我，於是知道原來是在商議華東師大中文系要恢復夏雨詩社！

一時間，腦子裏湧現出許多念頭，很多30年來已經模糊了遙遠了的記憶重又撲面而來，當即在雪山上，我就寫下這樣一段話："是時候了，讓我們開始回憶，回憶那個時代年輕的理想，回憶那場青春無悔的追夢，回憶那段滿了固執與掙扎，滿了歡欣與苦痛，滿了憧憬與失落的美麗時光。象初夏的細雨，輕扣心的門窗，淅淅瀝瀝，點點滴滴，然後匯成一條記憶的河流，漫延了，漫延了去，直漫到那個被曾經的詩意浸潤著的校園，那個被我們稱作「母校華師大」的地方。在那裏，有一群人曾經共同營造過一個天地；一筆在八十年代的中國詩壇無法抹去的重彩；一襲至今仍然被許多人深切懷念的存在；一線走遍天涯卻依然忍不住回頭觀望的風景。它的名字叫「夏雨詩社」！"

夏雨魂

1983 年，我考入華東師大中文系，初進校園，就被無所不在的美景深深吸引，柳枝輕繞的麗娃河，蟬聲悠鳴的夏雨島，清波蕩漾的荷花池，還有那片綠蔭深深的棕櫚林……有這樣鮮妍的美景，怎不讓人生出輕靈的詩情！當時的校園整個是浸潤在詩的意境裏，而"夏雨詩社"便是那時詩意飛揚的明證！

回想起來，八十年代的整個中國似乎都飛揚著詩意。那時候，夢魘一般的文革時代剛剛結束，改革開放的熱潮正在掀起，隨著國門的打開，各種各樣西方思潮湧進門來，習慣了單向思維的人們，忽然腦子裏的神經開始接受多向思維的連線。這一連，可不得了，原來以爲一成不變的世界，竟然是這麼豐富，這麼精彩！原來以爲不過如此的自己居然可以有這麼多的選擇，這麼大發揮的餘地！尤其在大學校園裏，各種學術研討，各種新奇講座，似乎都在傳播一種新思想，新觀念，告訴人們，我們不必再統一思想，統一行動，我們可以擁有自己的追求，自己的信念！於是心裏原本堅硬的土壤鬆動了，被禁錮的理想萌芽了，青春的追夢，人性的述求，愛的期待，情的宣洩，一時間變成人人都可以涉足的領域，人人都可以用自己

的方式去尋找答案！那時候，我們真的認爲我們是
"八十年代的新一輩"！

　　夢是這樣開始的，詩也是這樣萌發的。我想，夏
雨詩社，應該也是在這樣一種寬鬆自由的氛圍中成立
的。

　　我沒有趕上詩社成立的時候進校，對成立時的詳
情不太清楚。後來詩社在九十年代初消失，那時候我
也早已離開了校園。我在校的四年（83年－87
年），正是詩社紅火的時光，我有幸在那裏浸潤了4
年。我一直在想，夏雨詩社存在的時間從82年到95
年，是13年，而從95年到現在，是18年。夏雨詩
社已經消失了18年，可爲什麼還有那麼多人依然懷
念它？不僅是當年涉足很深的夏雨詩人，有許多自稱
只是"粉絲"的朋友，談起當年的詩社也是那麼充滿
激情，充滿深切的感動，人們都記得當時的詩社對整
個校園的影響，好像有一股靈魂深處的力量，激蕩著
一顆顆年輕的心，鼓舞著一雙雙追尋的腳步。這裏面
一定有某種深刻的原因吧，或許夏雨詩社是那個時代
的某種象徵，象徵著一代人自由意識的覺醒，這代人
開始向獨立思考，思想解放的方向邁步，這是一個核
心，由這核心繁衍出來的，是對自我感覺的及其敏
銳，對自我價值的熱切期盼，甚至是對已經習慣了的
自我義無反顧的叛逆。從另一方面來說，夏雨詩社似
乎又是某種實現，是既清晰又迷惘的青春追求在詩意

中的實現，詩意的美任何時候都會打動人心，而人心中那個被緊緊包裹著的核心價值，一旦在這份詩意的美中不經意釋放出來，那份新奇，那份驚訝，那份巨大的衝擊力，足以產生令人心馳神往的震撼效果！這或許就構成了當年的"夏雨精神"，或者就叫"夏雨魂"吧！

八十年代好像一現如曇花，可誰又能說它短暫的存在毫無意義？ 它如一粒小小的種子，掩埋進土壤的深處，只待來年冰消雪化，它會再次破土而出。這就是為什麼夏雨詩社停社多年，可"夏雨魂"始終沒散，如今我又看見一群英氣勃發的時代人在呼風喚雨，在醞釀培育，要讓沉寂多時的夏雨詩社精氣還陽，重返人間！

夏雨詩

順著夏雨魂的牽引，我開始尋找當年我自己在夏雨詩裏留下的痕跡。

記得八三年剛進校的時候，中文系在科學會堂舉辦了一場賽詩會。聽說這是中文系沿襲下來的傳統，當場公佈題目，十五分鐘即興寫詩，當場交卷，當場評出結果。當時做評委的是中文系的幾位老師，我記憶中只記得李振潼和宋琳兩位。

作為一年級的新生，我是帶著誠惶誠恐的心情參加賽詩會的。記得第一輪賽詩的題目是《土地》，我的詩作竟得了一等獎。那首詩怎麼寫的我已忘記，但內容沒有脫出大地母親的俗套，詩的基調也是激昂的，革命的，那無疑是中學時代給我留下的烙印。又一輪賽詩的題目是《走過草地》，記得裏面有"我的童年，走過草地……青天之下，日眠芳草"的句子，那首詩我得了三等獎。後來宋琳對我說："我認為你該得一等獎的是《走過草地》，而不是《土地》。我的青春／走過草地／……愛情再艱難／也要順著窗櫺／爬上窗梢。這詩句很好。"

回想起來，那正是兩種思潮交鋒的年代，人們習慣了革命化的思想，而表達純個人內心的微弱聲音還不被廣泛認同。而我，當時完全是在無意識狀態下寫出《走過草地》裏這樣的句子，就我故有的思想意識而言，從中學帶來的革命化思維方式還是占主導地位的。然而，宋琳老師聽見了那個雖然微弱，卻真實可貴的聲音，並給這聲音以真誠的鼓勵。回想起來，那一句輕微的點播，卻讓我如夢初醒，在以後的四年大學生活中，我開始奮力掙扎出桎梏，開始追求真實的自己，開始用詩歌表達這份真實的追求，宋琳一直是我身後最佳的支持者。

那次賽詩會之後，我被夏雨詩社接納。得知我參加了夏雨詩社，我的輔導員查建渝老師送了我一本

《舒婷顾城诗选》，他送我书的时候很随意地说了一句："你喜欢诗，这是一本朦胧诗，你看看。"大学四年里，查老师对我的生命有着极大的影响，他从不说教，也不一开始就把答案给你，很多时候他让你自己作选择，在你选择的过程中，他会透过一两个问题，或者一篇文章、一本书，不露痕迹地把你带到正确的思路上来。

那一次，他似乎也是完全不经意地给我一本朦胧诗。80年代初，朦胧诗是不入诗坛主流，甚至招受批判的，即便是后来，人们对朦胧诗也一直存在着偏见，社会上流传一种心照不宣的说法是：看不懂的诗都叫朦胧诗。其实，朦胧诗正是那个年代个性解放所结的果子，诗人不必按照既定的程式写诗，他可以选择独具个性的表达方式安排自己的诗句，诗的形式开始多样化，内容也开始藉着多样化的形式触入某些禁区，大胆的个性张扬，活跃的多元思维，唯美、唯情、唯感性的语言表现方式，无一不给人带来焕然一新的活力。初读《舒婷顾城诗选》就给我的思想带来冲击，这和我中学时代所接触的东西太不一样，可以说瞬间我就爱上了朦胧诗！

后来听宋琳谈起这本朦胧诗选，还有更有趣的故事在后面，那时候福建的舒婷、顾城合出了这样一本诗集，却不知道读者在哪里，销路在哪里。宋琳也是福建人，又认识这本书的责任编辑，于是要他们寄一千本書來上海，他帶著幾位詩友去火車站搬運，每個人都搬得大汗淋漓，於是有了“文學與出汗”的典故。 然後把書拿到各大學校園裏去擺攤銷售，那一千本朦朧詩就在幾個大學校園裏一搶而空。可見當時年輕人追求自由的心靈在這片剛剛萌芽的詩的領域裏是何等相通！

　　而我覺得最有意思的是，這本在當時有著極大爭議的朦朧詩選，這本對我的舊有思維習慣形成極大挑戰的讀物，這本甚至具有某種自由思想啓蒙價值的小冊子，竟是由原本應該對我進行思想管制的政治輔導員親手送給我，可見當時的華東師大中文系是一個多麼了不起的地方，因爲這裏凝聚了一批有著民主平等意識的學長老師，是他們給中文系帶來了寬鬆、自由。寫到這裏，我心裏充滿感恩，回想起來，剛進大學，是我人生中最大的轉捩點，思想的何去何從，人生道路的何去何從都是從這裏起步，而我多麼有幸，能夠在80年代的華東師大中文系成長，能夠遇見象李蓮娣、王聖思、查建渝、宋琳這樣的老師，成爲我個人的良師益友。隨著年齡增大，我也越來越深地體會到當年這批老師對學生們的一片苦心，一片愛心，當時的中文系始終存在著兩種勢力的較量，我們做學生的覺得寬鬆，這些老師身上卻常有來自各個方面的壓力，但他們始終是站在民主平等的立場上擔當著風雨，帶領著學生們明快地向前。

進了夏雨詩社之後，我更加感受到這片寬鬆土壤的可貴，因為夏雨詩那璀璨奪目的花朵，正是這片土壤提供的養份。可以說，那時候的夏雨詩無所不在，除了一年一度的賽詩會，學校各個角落都有海報欄，壁報，壁刊，那上面隨時隨地都可以讀到詩歌，那時夏雨詩社的成員也不僅限於中文系，有外語系、教育系、政教系、化學系，還有國際金融系，那些詩歌，雖然好些都還稚嫩，但無一不是在抒發個性的聲音，無一不是在表達真實的自我。

在現代漢語作文課裏，我們還會偶爾聽到某位老師對學生作文中的"小資情調"、"舊社會情懷"大加討伐，但在夏雨詩的領域，一切表達都是自由的，在這份自由的表達裏，詩人們不再人云亦云，不再挑剔他人的寫作方式，陳詞濫調很快被拋棄，取而代之的是各樣新鮮形式的嘗試。千萬不要小看了年輕詩人們這份嘗試新的自由，在那個桎梏的年代，一隻小青蛙能從一口井裏跳出來，擁抱廣闊天地，是一件多麼了不起的事情！人有了表達的自由，就會對自由的表達產生珍惜，反而不會隨便濫用表達的權利，所說所寫都會自負其責。

可以想像，當時那一首首從年輕學子火熱胸膛裏脫穎而出的詩歌，具有多大燃燒的能量，具有多少傳播的魅力！夏雨詩就這樣，從82年開始，一屆屆傳播下去，一批批新人輩出，十幾年的成長，它終於成為

全國高校中一道獨特亮麗的風景，夏雨詩，應該也是
當代中國詩壇一縷抹不去的輝煌！

夏雨人

　　沿著夏雨詩的韻腳，我的腦海裏開始出現一個個
夏雨人的英容。說來也奇怪，很多記憶中的事情你不
去碰它，它就原封不動地在那裏封存著，與你相安無
事，可一旦牽動了哪個角，所有的故事都源源不斷地
冒出來，以至於連自己都感覺驚訝，記憶的寶藏竟然
如此豐富，開採不盡！

　　我在學校的時候，感覺自己與很多人都交往著，
卻又沒有交往，因為心是遠離的，仿佛是在另一度的
空間，與現實沒有直接的聯繫。反而是現在，當我在
回憶夏雨詩社的時候，才覺得當年與詩社朋友們的這
份交往是多麼寶貴，因為一份詩的連接，你們每個人
都成為我生命中的一道風景，雖然已是回不去的曾
經，卻成為夢縈魂牽之處，今後歲月，每當我回頭觀
望的時候，都會有新的感動，新的領悟！

　　我要寫的第一個夏雨人是宋琳。進大學的第一
天，我去中文系辦公室報到，那時候中文系辦公室在
文史樓後面那一排小平房裏，靠近一舍最近的一間。
輔導員查老師剛好不在，卻是宋琳在裏面，他代替查
老師熱情地接待我這位新生，他向我介紹了很多校園

裏的情況，從他那裏，我第一次聽說了"夏雨詩社"，而他是上一屆夏雨詩社的社長。

從那以後，我發現自己常常會把寫好的詩拿去給他看，他總是認真地讀，認真地評論。記得第一次拿詩給他看的時候還不好意思，撒謊說是我的一位同學寫的詩，請他指正，他煞有介事地評了半天，還叫我告訴我那同學怎麼怎麼的，最後自己忍不住笑起來說："你那同學在哪？此刻就在我面前吧？"我也笑起來，以後拿詩給他看也不再害羞。

在中文系辦公室那間簡陋卻充滿溫馨的小屋子裏聽他談講，是一件愉快的事情。除了詩歌，他還談哲學，黑格爾、盧梭、叔本華，還談花草樹木的奇異，談自由生命的美好，每個話題從他溫和的言語裏剝落，都爲我開啓一個新的視野，他象一位循循善誘的兄長，用知識的魅力，詩歌的溫情，在前引領。回想起來，這對正在知識和情感中成長著的我有著多大的益處！每念及此，我心感恩。

宋琳的詩我也讀過許多，當年他的代表作應該是《中國門牌——1983》，後來他的"城市詩"更是獨樹一幟。然而在我心裏感動至深的是一首《白鴿子與盲姑娘》，寫一個盲人女孩，用陶土捏了一隻小白鴿，顫巍巍地把它放在窗臺上，卻掉在地上摔碎了。這首詩深深打動我的地方，是對生命的深情關懷，對生命苦痛的真切悲憫，就像他這個人，我知道他一點童年經歷，他自小就被不公正對待過，但從他的口裏，你永遠不會聽到對另一個人的仇恨和厭棄，他打量另一個同等生命的眼光流露出的永遠是詩人的溫情。

然而，這樣一位心靈柔軟的詩人，卻不得不爲人間的仇恨付上代價，當一位詩人要去爲國家民族的命運承受牢獄之苦的時候，這個國家又是處在何等多災多難的歲月中！1988 年秋天，我已經到南京工作一年，宋琳托 88 屆社會學系的研究生陸曉偉帶給我一封信，陸曉偉剛好那年也分配到南京來。那封信具體的內容我已記不得了，但看信時的感動猶在，仍然是兄長的口吻，關心著我的工作生活情況。後來宋琳和幾位詩社朋友又來南京看過我，那次李長青好像也在，我們在雨花編輯部那幢樓裏煮稀飯吃，又彈吉他唱歌，幾乎唱了一個通宵。第二天，管理樓層的老頭到作協去告狀，作協領導對老頭說："年輕人嘛，精力總是旺盛的。"又假裝訓斥的口氣對我說："以後注意了，要考慮群眾影響。"想起這事，心裏偷笑。可是第二年，傳來不好的消息。也是那一年秋天，我終於決定離開。

我去美國是 90 年 3 月，臨走時扔下一大堆在校時寫的詩稿給吳洪森，他是中文系張德林的研究生，我請他幫我編輯詩集。詩集編完的時候，他告訴我宋琳已經出來，建議我請宋琳寫序，那時宋琳在我心目中已不僅是良師益友，是兄長，是詩歌前輩，還是英雄，我當然十分樂意就採納了洪森的建議。後來詩集《麗娃河》由江蘇文藝出版社出版，因為是宋琳寫的序，中間還反復審查了好幾次才通過。

出現在我腦海中的第二個夏雨人是張小波。談到當年的夏雨詩社，沒有人會忘記張小波，那時他的詩作極多，幾乎是鋪天蓋地，在校園裏十分流行。他的形象在校園裏也十分流行，在我的記憶中，他始終穿著過膝長衣，天冷的時候，是一件黑色立領的長大衣，一條米黃色的長圍巾；天不怎麼冷的時候，是一件米黃色的長風衣，領子也是立起來的，其他季節他是什麼樣子，我完全沒有印象。他的頭髮總是亂蓬蓬的，戴一副鏡片很大的圓眼鏡，臉上的表情永遠是迷惘和悲情。我不知道這樣的解讀對不對，我個人與張小波沒有很多交往，但他的詩我是喜歡讀的，那裏面總有一種咬牙切齒的躁動，毫不留情的叛逆，無邊無際的浪漫，無處安放的情感，有時候也能讀出一兩個陰晴冷暖的故事，這就是青春啊！後來他又寫城市詩，寫一顆尋找歸宿的靈魂在城市的空間不安地遊蕩。這些內容被他用一種很特別的詩的語言表現出來，常給人一種出乎意料的文學驚喜，似乎從裏面可以揣摩一兩層所謂的現代主義的"詩意"。我在校的頭兩年，張小波是《夏雨島》的主編，他主編的幾期《夏雨島》是精彩有份量的。

記憶中與張小波近距離交談只有一次，好像是他快畢業離校的時候，他與宋強來我的宿舍告別，雖然平時沒什麼交往，但同在詩的空間裏徘徊，詩心還是通的，這就是最好的理由了。他回到鎮江之後給我寫過一封信，提到他患了偏頭痛，此病常常發作攪擾他。我也回復了一封短信，好像談到上帝什麼的。再後來，系裏有領導來找我談話，向我瞭解張小波的情況，我不瞭解他的其他情況，但就我看到的那一面，作爲詩人、作爲夏雨詩社主編的張小波，他是優秀的，出類拔萃的。我在想，我們那個時代，如果給能量大的人有更多自由的空間，那麼青春的苦悶是不是會有更多合理的途徑宣洩？年輕的生命是不是會自負更多的責任而不至於走太大的彎路？至少我知道的情況是，張小波畢業後在鎮江很不如意，又沒有別的出路，只好又重新回到師大。事實證明張小波是一個能量超常的人，後來整個中國都被他整得可以說“不”了！哈，這是玩笑話。

李長青和我同級，是我大三、大四時的詩社主編，也是福建人，好像我大一、大二時的主編是福建廈門的陳進堅，福建真是個出詩人的地方。李長青小小的個子，也戴一幅大眼鏡，看上去像是個從沒心事的人，整天笑呵呵的，張建華他們幾個男詩友給他起個外號叫“寶貝兒”。他走路有沖勁，說話直爽而有激情，寫的詩意象疊加，想像力很豐富。他也是“詩人氣"十足的一位，我這裏說的"詩人氣"是指骨子裏叛逆，不能融于現實，李長青也算一位。畢業的時候他把分配的工作辭了，回到師大，我們那時好像通過一兩封信，記得有一次編輯部剛好發工資，也剛好收到李長青的信，知道他沒有工作，就順便到郵局給他匯了 20 元錢，只爲一份詩友之間惺惺相惜的情誼。

2007 年我從美國回去參加我們 83 級畢業 20 周年聚會，大家都在找李長青，但沒能找到，只找到他的一首詩《捕風漢子》，收在爲那次聚會出版的《相聚 2007》一書裏。當時我只聽說他身陷囹圄，具體情況誰都諱莫如深。宋琳是他的老鄉，對他家庭情況比較瞭解，提到他家弟妹多，都在農村，生活很艱難，我於是在臨走時交給宋琳一個信封，請他轉交給李長青的家人。這回不完全是爲詩友之間的情誼，也是以這個方式對某些不合理又無可奈何的事情表達心裏的不贊同。

沒想到 09 年我在福州遇見了李長青，他已從牢裏出來，而且信了耶穌。他還是戴一副大眼鏡，講話還是那樣直爽，激情成份少了一些，他的心理狀態是安詳平和的，我想是他的信仰支撐幫助著他，他說信主真好。問他還寫詩嗎，他說還寫，寫的不多。

師濤是比我晚進校的小師弟，畢業之前聽過這個名字，也是一位激情詩人，但他長的樣子我卻沒有印象。2002 年我住在美國奧克拉荷馬州，忽然有一天收到師濤寄來的一封電子郵件，他叫我"曉丹姐"，說是在一個海外網站上看到我的文章，所以知道了我的聯絡方式。那個海外網站國內人一般不會看到，他卻關注，且關注我文章裏寫到的一個下落不明的人。再後來，我在一份網路流傳的下落不明的名單上看見了他的名字，心裏爲他深深祈禱，但求此刻無論他在哪里，上帝都保護他的身體，保守他一顆正直的詩心。

回想起來，和我同期在師大的夏雨詩人還真不少，80 級有張小波、徐芳、鄭潔，81 級有于榮健、胡向玲，82 級有宗煥平、魏雲艱、張曉陽、邱一鴻，83 級有宋強、李長青，低年級的有旺秀才丹、蘇拉，別的系的還有陳進堅、張建華、謝宏、王立新、師濤。這些是我記得的，還有許多我不知道，不記得的名字。

那時和我來往多的也就幾個。徐芳最年長，我二年級的時候她就留校做了老師，記得她住在 8 舍唯一一間有陽臺的屋子，和葉瀾同寢室，我常去她們那裏玩。我叫她徐芳姐，但心理上不覺得她比我大多少，她的人象她的詩一樣清純帶點兒羞澀，有一首跟鈕扣有關的詩我至今仍有印象，不知是掉了一粒鈕扣還是撿到一粒紐扣，被她寫出來那份漫漫幽情很動人。我 90 年出國前回了一趟師大，在文史樓前和徐芳、葉瀾、以及中文系的林偉明老師合影，前段時間在徐芳的微博上看到這張照片，前塵往事蜂擁而來，幾十年回首，恍若一瞬。

魏雲艱是我當年佩服的女強人，總是背著一個大書包，裏面裝著滿滿一包書，她二年級的時候就打算要考博士。我們常在中文系的通宵教室相遇，她會把她新近寫的詩給我看，她是個才氣橫溢的女孩。畢業後我們就沒聯繫了，可不久前在新浪微博上收到她發來的一條資訊："曉丹，我是魏雲艱，加我！"那份出乎意料的驚喜實在帶給我快樂！

胡向玲，我們都叫她"響玲公主"，她是跟我走得最近的一位詩友，我們常常互相閱讀對方寫的詩，互相給予詩的激動。記得她畢業的時候，不想馬上回安徽，就在師大呆了很長時間。那個暑假我也沒回家，在上海做家教，很多時間跟響玲一起瘋玩。我倆有個共同的小秘密，現在說出來一定覺得很有趣。有一天傍晚，我們在校園裏閒逛，走到荷花池邊，遇見兩個非洲來的留學生，他們主動跟我們打招呼，我們也開心地搭理他們，後來就坐在石桌旁聊天。他們中文不好，磕磕絆絆地問我們叫什麼名字，我們很頑皮，也不跟他們說真話，我指著響玲說："她叫月亮。"她姓胡，我常叫她"古代的月亮"，她的長相裏確有一種古典美。響玲指著我說："她呢，是早晨的太陽，你們就叫她太陽！"於是，一個太陽，一個月亮，就成了他們的朋友。他們總以學中文的名義來找我們，當時校園裏對非洲來的留學生是有歧視的，我和響玲對跟他們一起玩心裏也有一點忐忑，我倆約好，每次我們都在一起，絕不單獨與他們中的一個約會。我們就在校園的風景裏碰面，教他們中文會話，他們也請我們吃飯，送我們禮物，有一次還騎自行車帶我們去上海體育館看球賽。那是一個何等富足的年代啊，我們有大把大把的青春可以揮霍。

後來，響玲終於還是要回安徽了，那兩個留學生也要去廣州繼續深造。臨別的時候，其中一個傻小子居然哭著對我說，明年他還會來找我。第二年冬天的某一天，我正和我們宿舍的于常青在剛進校門的那條林蔭路上走，忽然一輛自行車停在我們面前，車上的人從上到下包裹在長大衣裏，頭上戴著棉帽子，臉上戴著墨鏡，完全看不出是什麼人，他卻問了一句："太陽還在嗎？"我心頭一怔，但很快平靜下來，拉著常青的手繞過自行車，然後回頭對他說："太陽下山了！"那時候我也快畢業了，已經沒有了玩的心境，更重要的原因是，響玲已經不在一起玩，我還記得我們的約定，絕不單獨與他們中的一個約會。

這麼多年沒有響玲的消息，忽然也是最近在新浪微博上遇見她，一聊天又回到大學時代的感覺。再看她近期寫的詩，依然有靈氣，在廚房裏發個豆芽菜，居然給她寫得美輪美奐，真為她高興，這麼多年詩情沒有離開她！

我在這裏頻繁地提到新浪微博，微博實在是個好東西，它把很多中斷的連線重新結起，把很多失落的記憶重新找回。我原本是個很少上電腦的人，生活的空間很單純，大部分時間都圍著四個孩子轉，與外界沒有太多交涉，連電子郵件都是幾天才查看一回。去年 5 月，我回到我從小長大的地方，去參加了一個畢業 30 年的中學同學聚會，和從小一起長大的同學有了一份心的連接，是他們把我拉進了網路世界，他們中有一位我一想起來就心裏溫暖的朋友花了很多時間教會我上 QQ，經營空間，開通博客。也是從那時起，我又重新開始寫詩，在博客上寫文章。看來萬事都有定時，在我準備好的時候，吳洪森轉來了王心陽的微博，心陽將她手邊珍藏的幾期夏雨詩社當年的詩刊《夏雨島》拍了照片，發到網上，並附了一個"尋人啓事"："很想念王曉丹，87 年她畢業後就沒有聯絡。不知哪位同學知道他的近況，萬能的微博啊，求轉發。"這條微博被陳村看見，他知道吳洪森跟我有聯繫，就轉發給了洪森，洪森又轉發給了我。微博果然萬能，僅僅一天的時間，所有的聯繫就從這裏開始，聯繫上我，心陽又發了一條微博："大學時代的偶像師姐，華東師範大學中文系 83 級，夏雨詩社那一時期創作最多的詩人。分別 25 年後，終於找到她，已是幸福的妻子和幸福的母親，依然寫作，依然浪漫。"這條微博讓我汗顏，可微博一發出，我很快就和徐芳、于榮健、胡向玲、宋強、宗煥平、王立新等詩友，還有查建渝、李榮飛等過去的老師同學接通了聯繫，真的很感謝心陽！

心陽是 85 級外語系的，也是我在大學時最鐵杆的小學妹，雖然沒有見過她寫詩，但她對詩歌有著極大的熱情，辦事能力很強，她和夏雨詩社的聯繫從來沒有斷過，詩社的很多活動她都積極參與，你看她將那麼多期《夏雨島》完整地保留至今，就知道她當年是多麼熱愛夏雨詩社，熱愛《夏雨島》。當她得知詩社復活節的消息，馬上就把《夏雨島》貢獻出來，她對我說她已把《夏雨島》寄給了徐芳，她還說："我這裏有一本《舒婷顧城詩選》，上面有查建渝送你的贈言，不知是你送給我的，還是我問你借了沒還。"我聽了笑起來，說："哈，一定是你借了沒還。我想我不會把查建渝送我的書轉送別人。"她也笑起來說："好，這次見面還你！"

寫到這裏，我已意識到我的字數大大超出了規定的篇幅，細寫了去，還有很多故事綿綿不斷，比如說外語系的詩人張建華如何苦苦追求那只溫柔的貓；四川來的詩人宋強如何用大刀闊斧的山東話唱一首述說衷腸的歌；化學系的詩人陳進堅如何以他不動聲色的高倉健氣質贏得中文系女子的芳心……這一個個漫不經心的與愛有關的故事演繹著那個年代的青春追夢。

上次看到誰在"夏雨詩節"的微信上說："那個歲月，就是詩與愛情。"有人說愛情是一朵美麗的浪花，人人都喜歡去追逐。而大學四年的我，生命的航船卻總是小心翼翼地繞開它而行駛，因爲知道自己稚嫩地雙槳運載不動神聖的職責，我寧願讓愛情一開始就只是心中躲藏的一朵花。而詩卻是我全力以赴追求的，我相信很多夏雨詩人也和我一樣，渴望著愛情，選擇的卻是詩，因爲這樣，才有了生命中那一片燦爛的詩的天空，才有了80年代那一道輝煌的校園詩的風景，才有了這一個個想起來溫馨四溢的夏雨人的故事。

我想我該打住了，就停留在這裏，把這一段前塵往事停留在黃玫瑰即將開放的季節，據說黃玫瑰的花語是等待，讓我們靜靜地等待，等待所有的回憶彙聚成河，彙聚成書；等待萍蹤浪跡的天涯詩人在同一個地點交集；等待紅塵煙火裏再度躍出一個美麗無塵的身影，那個精氣還陽的夏雨詩社，它將在5-25-2013（哈哈，我啊我，愛你一生！）這一日復活再生！

謝謝你作我心靈的賞花人

好友在我的Q空間裏評論說：「作丹心靈的賞花人……」這話令我感動。

願意來關注別人的一顆心就已經不容易，作人家心靈的賞花人就更難！心靈的賞花人，重要的不是知識，不是品味，是一顆誠摯的心，先有這顆心，別的都會有。

至於我，很樂意憑一份真情開放自己的空間讓你觀看，或者可以彼此傳遞一份正能量。我很感謝上帝，用一種特殊的方式，讓我重新提起了筆，從那一刻起，用一顆心去感受人情與愛，體會生命種種，並將它訴諸文字，已然成爲我今後的歲月裏不可或缺的一部分。

那份醞釀，有艱辛，有煩惱，有憂思，有傷痛，但我不會讓你看到這些，這些都埋在土壤的部分，我讓你看到的，是土壤之上開出的繽紛的花！

於是，我的Q空間就成了春的園，放眼望去，是滿園的燦爛。知你愛梨花似雪，就送你一枝簡約的美麗；或者你喜泛彩桃紅，也能找到一樹繁華。你來采擷，我祝你滿載而去，你來賞花，我任你靜坐天涯。

而你，該是眾人中最特別的那一個，既懂花，也

懂那孕育花的土壤，這樣，我就能把歲月流年在心頭
留下的點滴痕跡，用心愛的文字，紀錄珍藏，用一生
的光陰，與你分享。

世界華文作家協會

世界華文作家叢書第三十二號作品

帶一顆心去

作　　者：曉　丹

封面題字：陳興宇

製　　作：矽緯資訊公司

出　　版：世界華文作家出版社

定　　價：$300 元台幣、$12.99 美元

銷　　售：台灣 世界華文作家出版社

　　　　　海外 亞馬遜網路書店

　　　　　圖書館 凌網科技公司

ＩＳＢＮ：978-149-49-6851-9

著作權所有、翻印必究

世界華文作家協會
WORLD ASSOCIATION OF CHINESE WRITERS

29857549R00136

Made in the USA
Lexington, KY
11 February 2014